JN306666

高

ミャンマー経済で儲ける5つの真実

市場・資源・人材

GS
幻冬舎新書
314

はじめに

２０１３年５月、半年ぶりにミャンマーの旧首都、ヤンゴンを訪れた私はその街並みの変化に驚かされました。

まず目についたのが、街中を走る自動車。目に見えてきれいな車が増えていました。かつてミャンマー国内を走る自動車と言えば、古い日本車ばかり。どの車も年式が古く、エアコンが効かないなんて当たり前。内装もぼろぼろで窓が閉まらなかったり（あるいは開かなかったり）、床に穴の空いた車もありました。それが年式の新しい中古車ばかりが走っています。

ベトナムや他のアジアの国々を見ると分かりますが、国の成長過程に合わせて自動車の前にバイクが増えるのが一般的です。しかし、ミャンマー、特にヤンゴンでは二輪車の中心部での走行が禁じられていることもあり、バイク社会を経ずに一気に車社会へと進みつつあるように見えます。

一般的に年間所得が1000ドルを超えるとバイクが、3000ドルを超えると車が売れると言われています。ヤンゴンに限って言えば、住人の年間所得は3000ドルに届き始めているのではないでしょうか。

また携帯電話を手に通話をしたり、メールを打ったりする人々の姿もよく見かけるようになりました。これまで携帯電話は高級品でした。工場のワーカーのひと月の給与が70ドル程度なのに対して数百ドルもしました。それが今では多くの人に手が届く価格にまで下がりました。空港では旅行者向けの携帯電話貸し出しサービスもあり、10日間のレンタルで100ドルほど。ほんの1、2年前までは街中には至るところに貸し電話屋がありました。自宅用の固定電話が並べられていて、利用した時間分の金額を支払うというものです。日本の公衆電話のように自動ではありません。店番がいて利用時間を計るのです。そうした貸し電話屋はまだ見かけますが、早晩消えてしまうのではないでしょうか。わずかな期間にヤンゴンの街並みや人々の暮らしに大きな変化が起きています。

私は現在、ベトナム南部の都市ホーチミンに住み、日本企業や日本人の東南アジア、特にメコン地域への進出時の事業計画立案や市場調査、またベトナム現地企業のビジネス展開の支援をしています。

ベトナムは中国の次なる生産拠点・市場を指す「チャイナプラスワン」の筆頭と言われ、2000年代後半から日系企業の進出が相次いできました。人件費が高騰する中国の次なる生産拠点として、あるいは2030年には1億人を突破すると言われる巨大消費マーケットの獲得を目指して、大企業はもとより中小企業も次々と進出を決めています。領土問題に端を発し、現地日系商店を巻き込んだ中国での暴動などチャイナリスク（中国の抱えるリスク）が顕在化するにつれて、この傾向はより顕著になっています。例えば、2012年には日本からベトナムへの海外直接投資額は投資額全体の40%を占め、2位のシンガポール、3位の韓国を大きく引き離し、ダントツの1位でした。

そんなベトナムに居を構え、日系企業や諸外国の東南アジア進出の動きを見ていると、いつしかミャンマーへの注目度が高まるのを感じるようになりました。ベトナムに駐在している方はベトナムだけでなく東南アジア全般を任されている方も多く、次なる生産拠点としてのミャンマーの可能性について、本社から調査指令が出るようになったのです。私のところにも、２０１１年頃からじわじわと、そして２０１２年になってから一気にミャンマーに関する問い合わせが増えました。２０１１年末に米欧によるミャンマーへの経済制裁解除の可能性が巷でささやかれた頃から、その勢いは加速し始めたように思います。その間、私自身もミャンマーにたびたび足を運び、現地の様子やビジネス展開の可能性など各方面を回って情報収集をしてきました。

中国雲南省から南シナ海へと流れ込む大河メコンの流域、メコン地域。この西端にあり、北に中国、東にタイ、ベンガル湾を挟んだ西側にインドを見据えるのが、かつてビルマと呼ばれたミャンマーです。

このメコン地域の一翼を成す国が今、大きく、そして急速に変わろうとしています。

今、ミャンマーでは、何が起きているのか？

なぜ、ミャンマーがこれほどまでに注目されているのか？

その背景の変化を肌で感じ続けてきた私の実感とともにお伝えいたします。

ミャンマー経済で儲ける5つの真実／目次

第三章 ミャンマーが成長市場として期待される理由

第五章　新聞ではわからないミャンマー経済の未来　133

図版　ホリウチミホ

ミャンマー連邦共和国

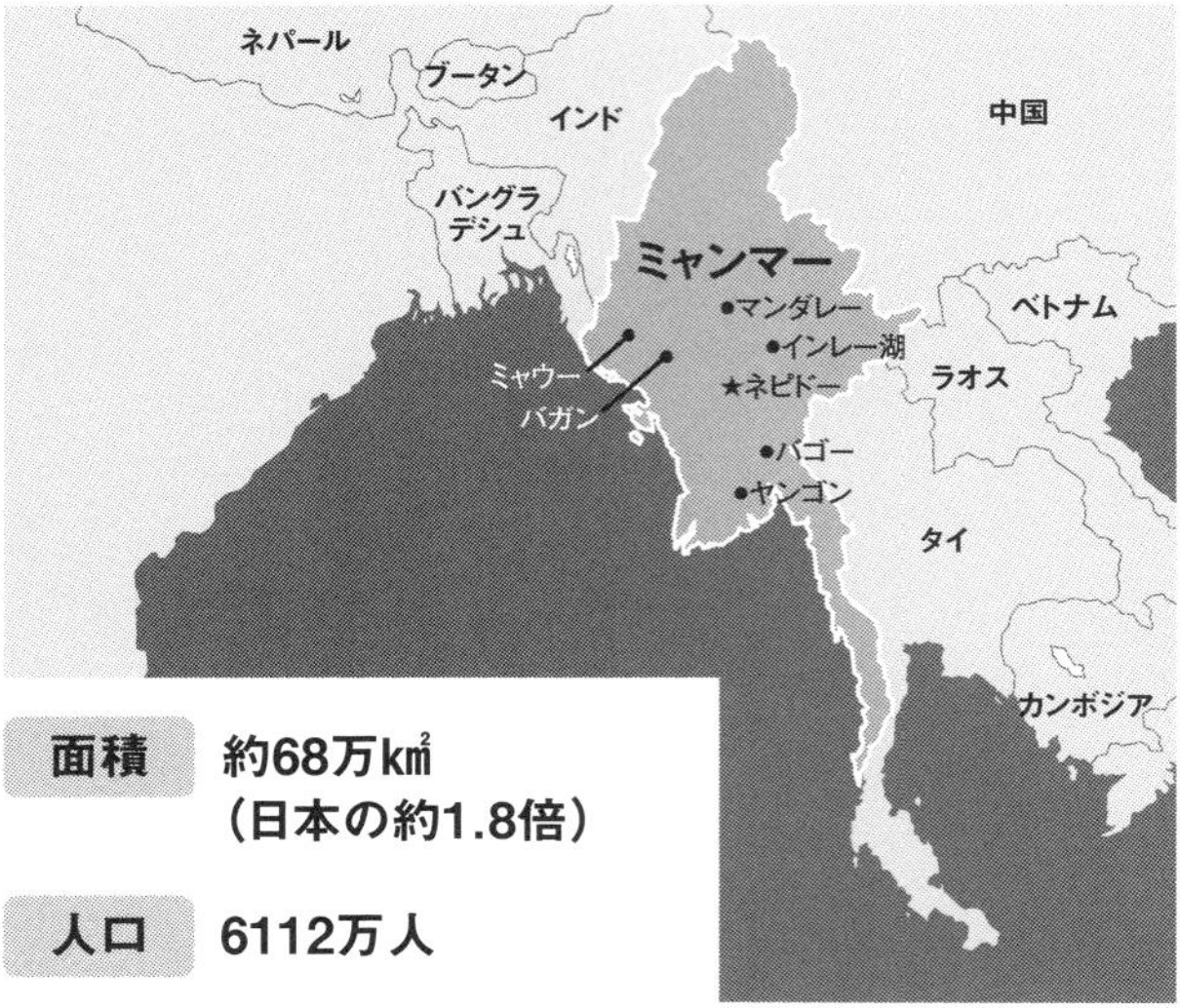

面積	約68万㎢（日本の約1.8倍）
人口	6112万人
首都	ネピドー
民族	ビルマ族（約70%）、その他多くの少数民族
言語	ミャンマー語
宗教	仏教（約90%）、キリスト教、イスラム教等
略史	諸民族割拠時代を経て11世紀半ば頃、最初のビルマ族による統一王朝（パガン王朝、1044年〜1287年）が成立。その後タウングー王朝、コンバウン王朝等を経て、1886年に英領インドに編入される。1948年1月4日に独立。

序章 ミャンマーを理解すべき時代の波

世界中から押し寄せるミャンマー詣で

２０１２年11月、ミャンマーの旧首都ヤンゴン市内の沿道には大勢の人々が詰めかけていました。その日、バラク・オバマ米大統領が、米大統領として初めてミャンマーを訪問し、ミャンマーのテイン・セイン大統領と会談したのです。沿道に溢れかえった人々は、再選されたばかりのオバマ大統領を一目見ようと集まっていたのでした。

日本も２０１１年の玄葉光一郎外務大臣（当時）のミャンマー訪問を皮切りに、急速に関係強化を進めています。

野田佳彦首相（当時）は、カンボジアで開催された東南アジア諸国連合（ＡＳＥＡＮ）関連首脳会議に出席し、ミャンマーのテイン・セイン大統領と会談。26年ぶりに５００億円の円借款の再開を表明しました。

なぜ今ミャンマーはこれほどまでに世界中の耳目を集めているのでしょうか。

その契機となったのが、２０１１年３月のテイン・セイン政権の誕生でした。この日、ミャンマーはミャンマー国軍による一党独裁政治（軍事政権）から複数政党による共和制へと大きく舵を切ったのです。

民政移管直後、ミャンマーの民主化は形だけに過ぎないとほとんどの国が懐疑的に見ていました。新政権の議席数の4分の1は軍人に占められていますし、その他の議席にも元軍人・退役軍人が多勢を占めていたのです。「軍人が軍服を着替えただけじゃないか」というわけです。

しかし、徐々に各国のミャンマーを見る目が変わっていきました。セイン政権はインターネットの閲覧制限の廃止、政治犯の釈放、少数民族との和解など矢継ぎ早に民主化施策を打ち出し、実行していったのです。

その姿勢を見るにつれ、世界の国々も徐々にミャンマーの民主化が本物であることに気づいていきました。そしてついに、2012年7月、長年経済制裁を科してきた米国が経済制裁の解除・緩和に踏み切り、その後欧州も続いたのです。

1997年以降、ミャンマーは、少数民族の弾圧やアウン・サン・スー・チー（Aung San Suu Kyi）さんの軟禁などを行う非民主的な政治体制であるとして、米欧により経済制裁を科されてきました。そのため、日本企業をはじめ世界中の多くの国の企業や投資家は、経済制裁下の国への投資に二の足を踏んでいました。

その経済制裁が解かれた今、各国の投資家が、これまで手つかずだったミャンマーに一気に群がってきたのです。

豊富な自然資源、外資誘致に伴う大型インフラ整備事業、6100万人を超える人口などミャンマーに秘められたビジネスチャンスを狙って人々が殺到する様子は、ゴールドラッシュのようです。そのおかげでヤンゴン市内は各国からの空前の視察ラッシュでホテルの宿泊費は軒並み高騰し、予約も取れない状況が続いています。

偏りのあるミャンマーのイメージ

ところで、ミャンマー（あるいはビルマ）と聞くと、日本人がまず思い浮かべるのは「スー・チーさん」、映画「ビルマの竪琴」（1956）あたりでしょうか。あるいは「軍事政権」という言葉を暗い・怖いというイメージとともに思い出す方も多いかもしれません。

私自身、この国を訪れるまでは、ミャンマーに対する知識はほとんど持ち合わせていませんでした。むしろ漠然と「軍部によって国民が弾圧されているなんだか怖い国」というイメージを持っていました。

軍事政権によるスー・チーさんの軟禁や、少数民族に対する弾圧、日本人記者の射殺事件……、日本に届くミャンマー関連のニュースはショッキングな内容ばかりです。その結果、ミャンマーは危険な国、怖い国で、人々は言いたいことも言えず、苦しい生活を強いられているというイメージを抱くのは自然なことでしょう。

しかし、報道されている内容がすべてではありません。むしろ、我々が見聞きしてきた情報は非常に偏りがあり、ミャンマーの本当の姿を伝えているとは言い難いように思います。

とかく、軍事政権が悪、民主化の旗手スー・チーさんが善という二元論で語られることの多いミャンマーですが、それほど単純な構造ではありません。

ミャンマーは実はアジアで一番治安のいい国だと言われているのをご存じでしょうか？

軍事政権は、本当に自分たちの私利私欲だけのために、これまで民主化を拒んできたのでしょうか？

ミャンマーの建国に、日本が大きく関わっていたことを知っていますか？

そもそもミャンマーという国の経済状況は？　主要産業は？

もちろん軍事政権統治時代には数々の悲劇がありました。しかし、それはあくまで一面であるということを理解しておかなければ、ミャンマーという国を見誤るでしょう。

ミャンマー（あるいはビルマ）という国の名前を聞いたことはあっても、偏った報道や限られた情報のため、我々日本人はこの国のことをほとんど知らないのです。

民政移管後、一気に注目を集めるミャンマーには確かにビジネスチャンスがあります。そんな今だからこそ、ミャンマーについて正しく理解するべき時が来ているのです。

第一章 ミャンマーの歴史を知らずにビジネスは語れない

スー・チーさん帰国に沸くヤンゴン市民の熱気

各国からのミャンマー視察が活況を呈する2012年6月末、私はミャンマーの旧首都ヤンゴンにあるヤンゴン国際空港に降り立ちました。

まだ新しいヤンゴン国際空港の入国ゲートに向かうと、目に飛び込んできたのは黒山の人だかりです。過去に訪れた際にも入国ゲートからガラスを隔てて出迎えの人々の姿は見えましたが、今回のそれは過去の比ではありませんでした。人だかりは構内に留まりません。

皆、そろいのTシャツに赤い鉢巻き、手には赤い旗を持って興奮した顔で誰かの到着を待っているようでした。人だかりは空港の外、タクシーのロータリーからさらにその先の市内に至る沿道にまで延々と続いています。

一体何事かと近くにいたミャンマー人に尋ねると、あの人（The Lady）がまもなく帰国するのだ。お前はよい時に来たなと興奮気味に話すのです。

ミャンマーで「あの人」と言えば、そう、アウン・サン・スー・チーさんです。空港

スー・チーさんを出迎えるために空港に詰めかけた人々

を埋め尽くす人たちは、この民主化の旗手スー・チーさんの欧州歴訪からの帰国を今や遅しと待つ人々だったのです。人々の頭に巻かれた鉢巻きや赤い旗には、彼女が率いる政党、国民民主連盟（NLD＝National League for Democracy）を表す白い星と黄色いクジャクが染め抜かれていました。

興奮する人々は空港に着いたばかりの外国人の私にも、スー・チーさんのブロマイドシールとNLDの旗を手渡してくれました。

そして、到着予想時刻から遅れること約1時間、ついにスー・チーさんが空港に姿を現しました。

人々は、スー・チーさんを一目見ようと、

入国ゲートを抜け、一気に押し寄せます。

我先にとスー・チーさんを取り囲む人々のエネルギーはすさまじく、スー・チーさんを迎え入れる人々が作った花道に陣取っていた私は、あっという間に弾き飛ばされてしまいました。目の前にいたおじいさんも押し倒され、危うく群衆の下敷きになるところでした。

過去の滞在でミャンマーの人々と言えば笑顔で大人しいというイメージを持っていたのですが、我先にと人を押しのける人々の姿には本当に驚かされました。本や報道、そして現地の人からスー・チーさんに対するミャンマーの人々の想いについては見聞きしていましたが、そこに充満しているエネルギーは私の想像をはるかに超えたものだったのです。

国民に絶大なる人気を誇るスー・チーさん。なぜ人々はここまで彼女に熱狂するのか。その裏にある人々の想いやこれまでの歴史、そしてこれからのミャンマーについて考えさせられました。

世界で一番有名なミャンマー人

アウン・サン・スー・チーさんは、「建国の父」のアウン・サン将軍を父に持ち、ミャンマーの民主化を牽引してきた女性です。日本を含む諸外国では、国民を武力で弾圧する軍事政権から人々を救うヒロインとして紹介されてきました。1991年にはノーベル平和賞を受賞しています。

そんな彼女が民主化のリーダーとして表舞台に登場したのは、民主化闘争が最高潮を見せた1988年のことでした。その時まで、彼女は人生の大半を外国で過ごしていました。

父アウン・サン将軍が日本からの独立に奮闘していた1945年にヤンゴンで生まれました。アウン・サン将軍の暗殺後、母の仕事でインドに渡ります。インドからイギリスに留学、オクスフォード大学で学びました。さらに渡米し、ニューヨーク大学の大学院で研究を続けました。そして、国連に職を得たスー・チーさんは行政財政問題担当として働き始めます。

しばらくしたのち、オクスフォード大時代に知り合ったイギリス人男性と結婚、二人の息子を儲け、専業主婦として生活をしていました。

子育てが一段落し、再び研究の道に進んでいた頃、祖国ミャンマーから実母危篤の連絡を受け、スー・チーさんは、イギリスからミャンマーに帰国したのです。

ミャンマーは、民主化運動が最盛期を迎えていました。帰国の目的は、母の見舞いでしたが、父アウン・サン将軍が命を懸けて独立を勝ち取った祖国、そしてその国の人々の現状を目の当たりにし、自らも民主化運動に身を投じることを決意したのです。

そして１９８８年、敬虔な仏教徒であるミャンマーの人々の象徴とも言うべき、数万人もの人々が待つ黄金の仏塔シュエダゴン・パゴダの前に姿を現しました。

建国の父アウン・サン将軍の娘の人気はすさまじく、一躍民主化のリーダーとして、表舞台に登場することになったのです。

その後、スー・チーさんはＮＬＤを結成。各地を遊説し、非暴力による不服従を説き、民主化運動の大きなうねりに巻き込まれていきます。

１９９０年、当時の軍政は総選挙を実施しました。選挙前、軍政は選挙を通して国民が選んだ政党に政権を引き渡すことを公言していました。

選挙の結果、NLDは全485議席のうち、8割にあたる392議席を獲得し、圧勝。ミャンマー国民悲願の民主化が、独立の父の娘によってもたらされたと国内は歓喜の声で溢れました。

しかし、軍事政権はNLDへの政権移譲を拒否、それどころか民主化勢力の弾圧を続けたのです。

スー・チーさんは、1989年から自宅に軟禁されていました。翌年の選挙を控え全国を遊説するスー・チーさんの各地での影響力を目の当たりにした軍事政権がその力を封じ込めるためだったと思われます。しかし、自宅軟禁中もスー・チーさんは民主化を訴え続け、その行動がノーベル平和賞の受賞へと繋がったのです。

民主化運動の旗手スー・チーさんの姿は報道を通して世界に広がり、民主化運動を弾圧し、国民の自由を奪う軍事政権＝悪、軟禁生活でも人々の自由のために闘い続けるスー・チーさん＝善という図式が出来上がっていきました。

スー・チーさんがミャンマーの人々に熱狂的に支持される背景には、その父アウン・サン将軍とミャンマー独立の歴史が密接に関わっています。

イギリスによる植民地時代

ミャンマーの歴史は列強による支配と独立の歴史と言えるかもしれません。

9世紀中頃、ビルマ族が作り上げたパガン王朝が今日のミャンマーの始まりと言われています。その後19世紀に入り、三度にわたるイギリスとの戦争（英緬《えいめん》戦争）を経て、1886年、ビルマ全土はイギリス領インドの一準州に組み込まれ、植民地となりました。

イギリスはビルマを直轄植民地としては扱わず、イギリス領インドによって間接的に統治します。徹底した各州の間接統治、分割統治により、国民の約70％を占めるビルマ族は排除されました。その一方で、少数民族を国内の中間管理職に登用しました。これは、のちの民族対立の火種に繋がっていきます。さらに、植民地インドからインド人を移民させて、金貸しなどの金融業に、また、華僑は徴税の役に就かせました。こうして、ビルマ族を最下層へと追いやったのです。

ビルマ植民地化の当初の目的は、すでに植民地であったインド東部国境の安全確保でしたが、イギリスへの農産物・鉱産資源の供給源としての機能も果たしました。

軍事政権の終わり　ミャンマーの夜明け

米欧による経済制裁のため、ミャンマー経済はASEAN最低レベルにまで冷え込んだ。2011年3月の民政移管後、次々と民主化政策を打ち出し、世界に民主化のアピールを続けてきた。当初は慎重だった米欧の姿勢は軟化し、経済制裁緩和・解除に向けて動き出した。

1948年	イギリスから独立
1962年	軍事クーデーター 軍事政権の始まり
1980年代後半〜	民主化運動のリーダー、 スー・チー女史登場
2011年3月	民政移管 テイン・セイン大統領就任

建国の父、アウン・サン将軍と日本

20世紀に入り、ビルマでもナショナリズムが高揚し始めます。特に、1938年から39年にかけて独立機運が一気に高まりました。この頃、欧州では第二次世界大戦が勃発。統治国であるイギリスが欧州戦線へと国力を注ぎ始めていました。ビルマ独立を願う人々はこれを好機と捉えたのです。

このビルマのイギリスからの独立を支援したのが、太平洋戦争の開戦と同時に東南アジアへの侵攻を進めていた日本でした。

当時の中国との戦況が膠着《こうちゃく》状態にあった日本は、状況を打開するためにヤンゴンから重慶に至る補給ルート（通称、援蔣《えんしょう》ルート）の分断を計画していたのです。そして、ビルマの独立を牽引する組織に接触していきました。

ビルマの独立運動組織に接触した日本軍は、独立運動のメンバーたちを日本へと送りました。そして、海南島で彼らに秘密裏に軍事訓練を施したのです。この30人に上る若き活動家たちは「三十人志士」と呼ばれています。

この三十人志士を率いていたのが、スー・チーさんの父であり、建国の父アウン・サン将軍その人です。また、のちにクーデターで軍事政権を樹立し、ビルマ式社会主義を推し進めるネ・ウィンもこのメンバーでした。彼らは日本で教育を受け、日本式の戦い方を学んだのです。

ちなみに、アウン・サン将軍は当時、面田紋次、ネ・ウィンは高杉晋という日本名を名乗っていたと言います。

今でもアウン・サン将軍の人気は衰えることがありません。ヤンゴンのタクシーに乗ると、かなりの確率で、軍服に身を包んだ精悍な青年の白黒写真を目にすることになります。この青年こそ、ミャンマー建国の父アウン・サン将軍その人です。

日本軍とともに母国の解放へ

三十人志士は1941年12月、バンコクに移動し、ビルマ独立義勇軍を設立しました。そして翌年1月に日本軍とともに、イギリスからの解放を大義に掲げ、母国ビルマに侵攻したのです。

1942年、日本軍とともに当時の首都ラングーン（現在のヤンゴン）を制圧。長らく続いたイギリスによる統治が終わり、いよいよ独立国家の誕生かと思われました。しかし、日本軍は軍政を布告、ビルマ独立の約束を反故にしました。

その後、1943年、時の東条英機内閣はビルマの「独立」を認めましたが、あくまで主権は日本軍にあり、形だけに過ぎませんでした。

日本の戦況が芳しくなくなるにつれて、連合軍による空襲や、タイとビルマを結ぶ泰《たい》緬《めん》鉄道建設工事のための強制労働など、人々の生活環境は悪化していきました。こうして、徐々に抗日の機運が高まり始めました。アウン・サン将軍らは表向きは日本軍への協力を示しながらも、密かに反日組織を結成し、日本軍掃討の機会を窺っていたのです。なお、この泰緬鉄道建設を巡る日本軍とイギリス人捕虜の対立を描いたのが、第30回アカデミー賞にも輝いた映画「戦場にかける橋」（1957）です。

インパール作戦で大敗し、いよいよ日本軍の敗戦が濃厚となった頃、アウン・サン将軍は反日統一組織（のちに反ファシスト人民自由連盟〈AFPFL〉と名乗った）を結成。

1945年3月、ついに日本軍への反旗を翻しました。連合軍による日本軍の掃討・

ビルマの奪還を支援したのです。

再びイギリス領、そして独立へ

自らの手で日本軍を敗走に向かわせたビルマ。しかし、独立を手にしたと思ったのもつかの間、日本軍の敗戦とともにイギリスが復帰、ビルマの独立を認めず、再び統治下に置かれてしまいました。

日本からの独立を率いたアウン・サン将軍は、その後もイギリスと粘り強く独立交渉を続けました。１９４７年にはアウン・サン将軍とイギリスのアトリー首相との間でビルマ独立に関するアウン・サン＝アトリー協定が締結されました。そして１９４８年、ついに独立国家「ビルマ連邦」が誕生したのです。

ただ、残念ながらアウン・サン将軍は念願のビルマ独立をその目で見ることは叶いませんでした。なぜなら、独立の前年、政敵によって暗殺されてしまったからです。アウン・サン将軍が暗殺されたこの日は、今でも「殉難者の日」として国民の休日に指定されています。

独立後の内乱、軍事政権の発足

度重なる列強からの支配を乗り越え、独立を勝ち取ったビルマ連邦。アウン・サン将軍の後継者としてAFPFLの総裁となったウー・ヌが首相を務め、議会制民主主義の国としてスタート。社会主義経済の実現を目標に掲げた国づくりに踏み出しました。

しかし、独立後まもなく国内は不安定な状況に陥っていきます。カレン族などの少数民族による民族自決を要求する反政府武装闘争や、AFPFLの一員である共産党の武装反乱などが相次ぎ、国内は内乱状態になってしまったのです。

この時、国内の反政府組織を抑え込み、内乱状態の収束に一役買ったのが国軍でした。そのビルマ国軍の最高指揮官は、かのアウン・サン将軍とともにビルマ独立のために戦った「三十人志士」の一人、ネ・ウィンです。

新たな国づくりに乗り出したウー・ヌ政権でしたが、度重なる内乱によって、次第に政権運営能力を失っていきます。

1958年、議会はネ・ウィン大将率いるビルマ国軍に一時的に政権を委ねることを決めました。ビルマ連邦成立から10年。軍がミャンマーの政治に登場した瞬間でした。

とはいえ、のちの軍事政権とは異なり、この時のネ・ウィン政権は総選挙実施のための暫定的な選挙管理内閣であり、1960年の総選挙で再びウー・ヌ政権が復活しています。

その後、ウー・ヌ政権は経済復興や仏教の国教化などさまざまな政策を打つものの、ビルマ連邦の立て直しには至りませんでした。

そして1962年、ついに国軍がクーデターによってウー・ヌ首相から政権を奪ったのです。「国政の混乱を救う」という大義を掲げてのクーデターでした。

ネ・ウィン大将は議会制民主主義ではビルマ連邦を維持できないとして、自らを議長とする革命評議会を設立。軍事&社会主義体制の政権運営をスタートさせたのです。

ビルマ式社会主義の推進

クーデターにより政権を握ったネ・ウィン将軍は「ビルマ式社会主義」を推し進めます。これは、経済の実権をビルマ人の手に取り戻すため、外資企業・外国人を追放し、経済の国有化を進めるものでした。イギリス統治時代に、金融業や商業、製造業がインド人や華僑の手に渡っていたのです。さらに、外国文化の影響を抑えるために、消極中立政策を取って、対外交流も最低限に留めます。

１９７４年には新憲法を施行。国名を「ビルマ連邦社会主義共和国」に改名し、ビルマ社会主義計画党（ＢＳＰＰ）による一党支配体制のもと社会主義化を推進しました。しかし、軍事政権の経済政策は失敗し、極端な経済不振を招きました。１９８７年には国連から後発開発途上国と認定されてしまいます。

悪化する経済、政治的閉塞感に国民は不満を募らせ、民主化運動が次第に熱を帯びていきます。

1988年民主化運動の些細なきっかけ

26年にわたる軍事政権に対する人々の不満は１９８８年についに爆発。民主化運動は大きなうねりを生みます。

不満が噴出したきっかけとなったのは、ほんの些細なことでした。

１９８８年３月、ラングーン工科大学の学生が喫茶店でいさかいを起こしました。その相手が地元有力者の息子だったため、駆け付けた警官は一方的に学生側に不利な対応を取ったのです。これに怒った学生たちがデモを組織し抗議活動を行いました。それは、学生だけでなく一般の市民も巻き込み、反体制の大きなうねりを生んでいきます。犠牲を伴いながらも活動を続ける学生たちの動きに、26年間続いたビルマ式社会主義のもと、言論の自由や政治活動を抑圧されてきた国民の不満が呼応し、爆発したのです。スー・チーさんがミャンマーの表舞台に登場するのもこの時期です。

全国的な広がりを見せた民主化運動を受けて、一党独裁を続けてきたBSPPは臨時党大会を開催。ネ・ウィン議長の辞任が発表されました。

こうしてミャンマー独立から26年にわたって国政を担ってきたBSPPによる独裁政権は終わりを告げました。

20年以上続く軍事政権の登場

ネ・ウィン政権が倒れたことにより、ビルマは民主化されたかというと、残念ながら決してそうはなりませんでした。

弱体化したネ・ウィン政権に代わって、国家の治安回復を大義に、国軍が武力で民主化運動を鎮圧したのです。

ネ・ウィンが退陣の際に放った一言が、国軍による民主化運動の弾圧を決定づけました。「騒動を起こす連中に対して、国軍は命中するように撃つ」と言ったのです。

そして実際に国軍は国民に銃口を向け、多数の犠牲者を出す結果となりました。

1988年9月18日、国軍は武力により政権を奪取。ソオマウン大将を議長とした国家法秩序回復評議会（SLORC）を設立し、軍による国家運営をスタートさせます。

ここから2011年3月のセイン政権まで、実に20年以上続く軍事政権の誕生です。

軍事政権がもたらした功罪

前述の通り、軍事政権＝民主化弾圧の親玉という論調がある一方で、130を超える少数民族の住むミャンマーをゆっくりとですが、着実に民主化に導いてきたことに対して高い評価をする人も少なくありません。むしろ、国内に強いガバナンスを利かすことのできる軍事政権だからこそ、着実に民主化の実現に向けて歩を進めることができたのだと言うわけです。少数民族による武力闘争が国内の各地で勃発している中、政治を主導した経験のない政党に政権移譲などできたはずがない、というものです。

そもそも軍政は自ら民主化に向けた画《え》を描き、その実現に向けて歩んできています。軍政による民主化に向けた指針を表したのが2003年に発表された「7段階の民主化ロードマップ」です。

1. 1996年から休会状態になっている制憲国民会議の再開
2. 国民会議再開後、規律ある真の民主的国家の実現に向け必要なプロセスを一歩一歩進む
3. 国民会議によって提示された新憲法の基本原則に従って、新憲法を起草する
4. 国民投票による新憲法の承認
5. 新憲法に従って、立法府の議員を選出する公正な選挙の実施
6. 新憲法に従った、国会の開催
7. 国会で選ばれた国家指導者や政府及びその他の中央機関による、近代的で発展した

民主的国家の創出

スー・チーさんの軟禁や、少数民族の「弾圧」が取り沙汰される軍事政権ですが、元来その成り立ちはミャンマーの独立を自ら勝ち取った三十人志士に端を発し、祖国の発展のために自分たちが動かねばという信念を持っているのも事実なのではないかと思います。

軍事政権の功罪の例として国内の民族問題を挙げる方がいます。ミャンマー国内には135もの民族が住んでいます。そのうちのいくつかの民族はミャンマーの独立（1948）以降、自治権の獲得や分離独立を時に武力を交えながら叫び続けていました。この民族自決の動きを時には武力で、あるいは停戦合意という形で封じ込め、国家としてまとめることができたのは軍事政権の持つ「力」に他ならないと言うのです。新政権発足後、センセーショナルに取り沙汰されるイスラム教徒と仏教徒の衝突も多数の死者を出すまでに発展してしまっているのは抑止力となっていた軍事政権によるタガが外れたためだとも言います。

また、ミャンマー軍事政権の対外的なアピール下手も、軍政＝悪の図式を助長したという指摘もあります。非民主的と言わしめておきながらも、軍政は釈明することなく、沈黙を守り続けてきたのです。

そうした軍政の外交姿勢と、軍政を非難し民主化を叫ぶスー・チーさんの存在も相まって、軍政＝悪という構図はメディアを通じて世界中に広がっていきました。

特に米欧による経済制裁がその決定打でした。

なぜ経済制裁を受けるハメになったのか

今でこそ、人件費の高騰や政治関係の悪化などから中国への一極集中リスクが高まり、製造業を中心にインドネシアやベトナムへの注目が集まっていますが、かつてはミャンマーへの注目度の方が高く、東南アジア随一の経済力を誇っていました。

タイに駐在する日系社員は週末ともなれば、周辺国で最も都会的なヤンゴンに出かけていったと言います。日本でも１９９０年代初頭にはミャンマーへの投資ブームが起きていました。しかし、アジア通貨危機、経済制裁など度重なる逆風によって諸外国からの投資は一気に冷え込んでしまいました。

このミャンマーの経済成長の阻害要因ともなった経済制裁とはどのようなものだったのでしょうか。

米欧はスー・チーさんの軟禁や少数民族の弾圧など、人権抑圧を続ける非民主的な政治体制への圧力として1997年に経済制裁を発動します。度重なる民主化要請にもかかわらず、米欧の望む民主化は行われず、2003年に米国が、2004年にEUが制裁を強化しました。また、米欧だけでなく、カナダやオーストラリア、ニュージーランドも経済制裁を科しています。

米欧による経済制裁は具体的には次のような内容です。

・新規の海外からの直接投資禁止
・ミャンマー製品の輸入禁止
・国際金融機関の融資を含む金融取引の禁止
・旧軍事政権幹部のビザ発給規制、資産凍結

この中でも特に新規の直接投資禁止および、金融取引の禁止がミャンマーでの事業展

開にブレーキをかけてきました。米ドルでの決済が不可能であるのだから当然のことでしょう。

日本政府はと言うと、米欧のような経済制裁は取りませんでした。1988年に成立した軍政をいち早く政府として認める等、ミャンマーを支持こそすれ圧力をかけるようなことはしていません。しかし米欧が経済制裁を強めるにつれ、歩調を合わせる形で、ミャンマーへの援助を人道的な支援のみに限定してきました。

日本企業、特に米欧と取引のある企業はミャンマーへの事業展開を控えてきました。非人道的な国と関係があるということが、本国での事業展開にも悪影響を及ぼすことを恐れたためです。

この結果、1990年時点でベトナムと同等だった一人当たりGDPは、その半分程度まで落ち込んでしまったのです。

経済制裁による西側社会からの孤立が軍事政権を中国や北朝鮮へと接近させるのですが、これについては後述します。

軍事政権は他国も通った道

さて、これまでミャンマーの軍事政権の成り立ちと、軍事政権がもたらしたミャンマー経済への影響を概観してきましたが、ミャンマーだけが特殊な道を歩んできているのでしょうか。実はそんなことはありません。軍事政権と言えばミャンマーというイメージがすっかり固定化してしまいましたが、ミャンマーが唯一の軍事政権国家だったというわけではないのです。東南アジアの国々をよくよく見回してみると、ほとんどの国がかつては日本をはじめとする列強の支配下に置かれ、独立、国内の混乱期を経て、経済成長期を迎えてきました。

例えばミャンマーと隣接し、東南アジアでも有数の成長を遂げたタイは軍部がたびたび政権を取り、つい最近では2006年から2008年の間、軍が政権を握っていました。また同じく東南アジアの成長株インドネシアも1998年まで約30年にわたりスハルト大統領率いる国軍が政権を取り続けてきたのです。さらに、韓国やフィリピンなども軍事政権、民政移管というプロセスを経て今に至っています。

第二次世界大戦後に独立を果たしたアジアの多くの国々は、自らの国力増強のため国内の開発を第一に掲げ、権威主義的な独裁体制を敷くことで経済発展を遂げてきました。その権威の一つが文字通りの力を持った軍隊だったのです。各国の軍事独裁体制は経済発展を牽引しました。そして経済発展とともに、特に戦後の復興期という経済基盤の確立後に徐々にその役目を終え、1970年代からアジアの国々に民主化の波が押し寄せたのでした。

民主化後は「本気」をアピール

クーデターによって政権を奪取して以来20年以上続いた軍事政権は、2011年春に終わりを告げました。列強からの独立闘争の時代、ビルマ式社会主義の時代、軍事政権時代を経て、ミャンマーは新しい時代に突入したのです。

このミャンマーの民主化は、スー・チーさんが発信し続けたメッセージと、米欧による経済制裁、国際世論による圧力によってなされたと言われています。

また、経済制裁を科す米欧とは距離を取る代わりに長年、接近を続けてきた中国への依存体制からの脱却も民政化に踏み切った一つの要因です。

民政移管後初の大統領に就任したテイン・セインは、政治犯への恩赦や情報閲覧制限の廃止、少数民族との和解など矢継ぎ早に施策を打ち、諸外国に対してこの度の民主化が本物であることをアピールしました。

かつてはご法度だったスー・チーさんの写真が新聞のトップを飾り、人々の手に渡った際いよいよ国民が願ってやまなかった民主化が実現するのではと皆心を躍らせたのです。

こうした新政権の施策を当初は懐疑的に見ていた諸外国も徐々に、今度こそ本物らしいと評価し始めました。そして、クリントン女史の訪緬を皮切りに、あっという間にミャンマーは政治・経済の表舞台に躍り出たのです。

その結果、日系企業をはじめとする世界中の企業が、これまで二の足を踏んでいたミャンマー進出へと一気に踏み出しました。

「過熱するミャンマー詣で」と揶揄されるほど、各国から視察に訪れる企業・投資家は後を絶ちません。

第二章 暮らしを知ってこそミャンマーへの理解は深まる

敬虔な仏教徒故の穏やかさ

笑顔を絶やさず穏やかなミャンマーの人々

礼儀正しく、親切で恥ずかしがり屋、そして、我慢強く、決して手荒なことはしない穏やかな人々というのがよく言われるミャンマーの人々に対するイメージです。

これまでのミャンマー訪問で思い出すのは、人々のはにかむような穏やかな笑顔です。路上で土産物を売る人やレストランの従業員は、目が合うとにこっと笑顔を向けてくれます。その笑顔は実に自然です。

私が生活しているベトナムをはじめ、アジア各国では店員や商店の人が日本人から見ると無愛想なことが多々あります。逆に初対面にもかかわらず妙に親しげだったりすると、だまそうとしているのではないか？　不要なものを売りつけようとしているのではないか？　などと身構えてしまうものです。インドを訪れた時などは話しかけてくる人が皆うそつきに見えてしまいました。もちろんミャンマーにもそういう人はいるでしょうが、感覚的に出会う確率が少ないように思います。アジアでの生活ですっかり疑り深くなってしまった私にとって、拍子抜けするぐらい、悪意のない人たちに映りました。

また、私がミャンマーの人々の人となりを垣間見たエピソードがあります。

ヤンゴンの空港で日本からのお客様の到着を待っている時でした。乾期のヤンゴンは空港内で空調が効いているとはいえ、やはりじわっと汗をかくほどの暑さを感じます。暑さしのぎに、空港の売店で購入したアイスコーヒーを飲んでいると、ふとした拍子にコーヒーを空港の床にこぼしてしまいました。

すると、横にいたミャンマー人がすっと屈んで持っていたティッシュペーパーで私のこぼしたアイスコーヒーを拭きとってくれたのです。

この行為には非常に驚かされました。

もし、これがベトナムだったらこんなことをしてくれるだろうか。いや、日本でも他人のこぼしたコーヒーをさっと拭いてくれる人がいるだろうか。まず私自身、恥ずかしながら見て見ぬふりをしてしまうと思います。

こうしたミャンマーの人々の心の豊かさに驚くと同時に、そこにこれからのミャンマーの発展の可能性を強く感じました。

また、すでに現地に進出した企業の方に話を伺うと、ミャンマーの人々の我慢強く、真摯に物事を進められる性格が事業展開をする上での魅力になっていると言います。

民政移管後のミャンマーで、今後の成長を支えるのは間違いなく「人」です。人々に根付いている、他者への気遣いや誠実さが、間違いなく競争力の源泉となるでしょう。

とはいえ、親切でおおらかなミャンマーの人々ですが、その性格故に困った点もあります。よく言われるのは「時間にルーズである」ことです。「ミャンマー時間」と揶揄されることもあるぐらい、約束の時間を守らない人が多いのです。現地でミャンマーの人々と生活をすると、この時間感覚に戸惑うことがしばしばあります。

今後国際社会にもまれる中で、少しずつ変わっていくのだとは思いますが。

日本と似ている「ノー」と言えない国民性

ミャンマーの人々の特徴的な性格の一つに、相手にノーと言えないことが挙げられます。その結果、米欧を中心とした人々に、曖昧な国民だなどと言われたりもしています。このあたり日本人によく似ていると思いませんか。

ミャンマーの人々は相手の面子《メンツ》を非常に大事にします。したがって、相手に非を認めさせるようなことは憚られるというのです。

この性格は仕事をする上で問題になることがあります。ノーと言えない性格ですので、頼まれた仕事がたとえできないと分かっていても、「できません」と言えず仕事を引き受けてしまう。でも結局できないことに変わりなく、納期直前になってできませんでしたという報告を受けて困ったという話を聞きます。

ただ、ここでなぜできなかったのだと詰問しても解決しません。むしろノーと言えない人々の国民性を理解した上で、上手に付き合っていくことが重要です。

また、ミャンマーの人々への叱り方には気を配る必要があります。前述の通り、面子を重んじる国民性です。たとえ本人に非があったとしても、他人が見ている前で叱りつけると、自分の非を認める以前に、面子をつぶされた・恥をかかされたという想いが先に立ってしまうのです。ですので、もし注意すべきことがある場合は、場所を移して指摘するというスタイルが、互いの関係を良好に保つためのポイントです。

ちなみに、この傾向はミャンマーに限らずベトナムやカンボジア、ラオスでも聞かれる話です。

私自身もベトナムに拠点を移し、現地のスタッフと関わり始めた頃に、ついつい他人の目の前で当事者を叱りつけてしまい、問題の改善以前にスタッフとの関係修復にかえって時間を要したという失敗をしました。

事業展開のためのパートナーとなる現地の人々の考え方や国民性に対する配慮の気持ち、あるいは感謝を忘れずにいたいものです。

実はアジアで最も安全な国

軍事政権のイメージにより、ミャンマーは危険な国だと思っている人も多いのではないでしょうか。

今でこそミャンマーへ行く人が急増していますが、1、2年前にミャンマーに行くと言うと、「わざわざ、そんな危ない国に？」と、心配されました。しかし実態は日本人の持つイメージとは逆に、東南アジアで一番安全な国だと言われているのです。

おそらく夜の街を女性が一人で出歩いている姿を見かけるのは東南アジアでもミャンマーぐらいではないでしょうか。

また、ミャンマーでは一般の人々の間では現金での商いが基本ですが、取引先への支払いのために、中身の見えるビニール袋に札束を入れて歩いている人がいるとも言われています。

これは敬虔な仏教徒が多く、おおらかな国民性とともに、かつての軍事政権による取り締まりが功を奏した結果でもあります。

加えて言うと、外国人への犯罪は自国民への犯罪よりもずっと重い刑罰となることもあり、外国人にとっては本当に安全な国です。とはいえ、治安がよいから、と油断してはいけません。外国人を狙うスリや詐欺事件は、この国でもやはり起きます。特に女性は注意が必要です。人気《ひとけ》のない場所に行くなどの行動は避けましょう。

さらに、ミャンマー国内には外国人立ち入り禁止の区域が存在します。少数民族と国軍との対立が続く国境付近などの危険区域が指定されています。

ミャンマーの公用語はビルマ語です。ビルマ語は、日本語と語順が同じで共通点も多いと言われます。ただ装飾の多い特殊な文字を使っており、最初はとても共通点があるような気がしません。ミャンマーには日本語をとても流暢に話す人がたくさんいます。それが日本への留学経験がないという方も多く驚きです。国内に130以上いる少数民族はビルマ語ではなくそれぞれ独自の言語を使用しています。

外国人の利用客が多いホテルや旅行会社では、英語でのコミュニケーションが可能です。しかし、街に出るとそうはいきません。市場での買い物やタクシー利用時に、「英語が全く通じない」ということはよくあります。でもそんな時でも大丈夫。どこからともなく英語ができる人が現れて通訳してくれるから不思議です。

一方で、中国企業が多く進出しているマンダレー管区や中国国境に近い北東部の街では、中国語の看板が立ち並び、人々も中国語を話します。タイとの国境貿易で栄えるシャン州では、タイ語が使われています。
この多様性もミャンマーの魅力でしょう。

一生のうち二度仏門に入る敬虔な仏教徒

穏やかな心を持つミャンマーの人々の考え方の根底には、仏教への信仰心があります。国民の90％が敬虔な仏教徒であるミャンマーでは、今でも仏教の教えを誠実に守ることを自らに課しています。日本の大乗仏教とは異なり、ミャンマーの仏教は上座部仏教です。近隣のタイ、カンボジア、ラオスと同じです。

ミャンマーには「国民皆僧制度」があり、誰しも一生のうちに二度は仏門に入らなければなりません。7歳から11歳までの間と、20歳を過ぎてから一度、僧院に入って修行することが義務づけられています。いずれも1週間の修行でよいそうです。

仏教徒故の特徴的な考え方の一つに「輪廻」があります。今自分が生きている世は、前世と来世の間にあり、今、よい行いをしていれば、来世ではさらによい生き方ができる、という考え方です。そのために、寄進や喜捨を行い、仏教の禁忌である五戒などを厳格に守ることが必要であると考えています。

例えばミャンマーの寺院（パゴダ）の入り口には籠に入った小鳥がたくさんいます。愛玩用に売っているのかと思いきや、これは参拝者が籠から逃がしてやることで功徳を積むためのものなのです。また、ミャンマーの道端では至るところに水瓶が置いてあり、道行く人がそこから水をすくって飲んでいる姿を見かけます。年間を通して高温多湿なミャンマーで、熱中症を防ぐためのものですが、水瓶の設置も人々が自主的に功徳を積むために行っていることだと言います。ミャンマーの人々を素晴らしいと思うのは、こういったことを打算的でなく自然と行っているところです。誰かのために自分ができることを行う、ということが当たり前にしみついているのです。

こうしたミャンマーの人々にとって、絶対的に敬うべき相手が3者います。それは僧侶、先生、両親です。実際、ミャンマーの若者は、給料の3分の1を僧院に寄進し、3分の1は両親へ仕送りし、そして残ったお金を自分のために使うそうです。

黄金の仏塔にお金、宝石を納める

ヤンゴンの象徴とも言える壮厳なパゴダ

ミャンマーの旧首都ヤンゴンの中心部にひときわ輝く黄金の仏塔シュエダゴン・パゴダ。ミャンマー最大の仏教の聖地であり、敬虔な仏教徒であるミャンマーの人々にとって、とりわけ重要な寺院です。

ここには、老若男女を問わず、毎日多くの人々が訪れます。たとえ日々の生活に余裕がなくても、人々はこの仏塔にかなりの額のお金や宝石を納めるのです。

シュエダゴン・パゴダは2500年以上前、ある兄弟がインドから8本の聖髪を持ち帰り、この地に奉納したのが始まりだと言われています。そして、15世紀中期、時の権力者によって今の仏塔の原型が建立されました。

シュエダゴン・パゴダは1日のうちにいろんな顔を見せてくれます。

まだ気温の上がり切らない朝、涼やかなシュエダゴン・パゴダ。あるいは日中のぎらぎらと輝く太陽の光を受け、目を射るほどに光り輝く黄金のパゴダと白く照り返す大理石の床。

とりわけ私は夕暮れ時のシュエダゴン・パゴダをおすすめします。

西の空に太陽がゆっくりと沈み、目も覚めるような青空が夕焼けから夜の暗闇へと徐々にグラデーションをつけながら変化していきます。そして、境内には明かりが灯り、夜空を背景に黄金のパゴダがくっきりと照らし出されます。

荘厳なパゴダの周りには熱心に祈りをささげる人の姿があり、ろうそくの炎がゆらめき、風にゆられたパゴダの装飾品がかすかに鳴る音が響きます。こうした風や音を五感で味わっていると、ミャンマーの人々の穏やかさ・優しさの源泉に触れられるような気がします。

何曜日に生まれたかを重要視

ミャンマーの人々は占いが大好きです。

かつて首都をヤンゴンから現在のネピドーに移動した際、あまりに突然の遷都に、占いの結果で決めたのではないかとまことしやかに言われたほどです。

種々の占いがあるようですが、最も日常的に親しまれているのがミャンマー独自の「八曜日」です。8つあるのは、通常の七曜日と異なり、水曜日が午前と午後で区別されているからです。生年月日の数字を使った独自の計算式でそれぞれの曜日が割り当てられます。各曜日にはそれぞれを象徴する星、方角、動物が決められています。例えば、日曜日は太陽・北東・ガルーダ（鳥）です。さらに各曜日のそれぞれについて人の性格や、曜日同士の相性まで決められています。新聞や雑誌にある占いの欄は血液型や星座ではなく、この八曜日で表現されています。

パゴダに行くと仏塔を取り囲むように、各曜日を象徴する方角に、それぞれの動物が配置されています。ミャンマーの人々は必ず自分自身の曜日の祭壇の前で熱心に祈りをささげています。

この八曜日はミャンマーの人々の名前にも表れています。例えば「Win（ウィン）」

という音で始まる名前の人は水曜日生まれ、というように各曜日に特徴的な音を名前に用いる習慣があるのです。そのため、ミャンマーの人々は相手の名前を聞けば、何曜日生まれか予想がつくのだとか。

ミャンマーでは何月何日に生まれたということ以上に、何曜日生まれかということが重要視されるのです。ミャンマー訪問時には自身の誕生曜日を調べていくことをおすすめします。

実は国民全員がブローカー気質?

敬虔な仏教徒であり功徳を積むことを大切にしているミャンマーの人々ですが、その一方で「国民全員ブローカー」と呼ばれることもあります。

例えば、頼まれたものを買ってきてあげた、誰かに誰かを紹介してあげたなど、一見すると見返りなく、親切心で動いているようでも、その裏で手数料が発生していることが多いと言います。ビジネスシーンではもちろん、人々の日常生活であってもそうなのだとか。日本人からすると、日常生活の頼まれごとで金銭のやり取りが発生するというのは違和感がありますが、ミャンマー人にとっては普通のことのようです。親切心で人のために動くことと、得られた利益に対して金銭的なキックバックがあるというのは決して相反することではないのでしょう。

人々のブローカー気質は昨今のミャンマーへの投資ブームで加速しています。多くの外資企業や投資家がミャンマー市場に次々と参入する中、新興国市場の開拓において、政治家や優良企業などとのネットワーク構築は非常に重要です。したがって、進出企業はまずはネットワーク構築に奔走することが多いのです。また、ミャンマーでは不動産取得をはじめ事業内容によって外国人には許可されていないものもあり、事業を実現するために現地パートナーが必要不可欠です。

こうした状況に、首をもたげるのがブローカー気質です。外国からの投資家に対して、現地企業の紹介や土地取得の支援をして、仲介料を手に入れます。そのこと自体は決して悪いことではありません。むしろ、ビジネスですので当たり前の話です。

しかし、人々がブローカー的な収益確保に執心することに対して警鐘を鳴らすミャンマー人もいます。この成長期のミャンマーにおいて、自ら汗をかくことなく、ブローカーとしてただ人と人を繋げているだけでは、ミャンマー人自身の手にモノづくりの技術や、ビジネスの経験が残らず、いずれはただ他国に安い労働力として使われるだけだ、と言うのです。

確かに、現在のミャンマーはあくまで安価な労働市場、手つかずのマーケットというのが諸外国の評価です。経済開放した結果、富が諸外国に流れては意味がありません。農業国から工業国へと遷移し、自国の経済を発展させていくためには、自ら手を動かし国内に技術や知見を蓄積していかなければいけないのです。

消えゆく伝統のタナカとロンジー

各国からの投資が加速するミャンマー。これまで入ってこなかったモノや情報が街に流通し、人々の生活スタイルにも影響が出てきています。

ミャンマーの伝統的な衣装と言えば「ロンジー」です。これは筒状の一枚布を腰に巻きつけるスカートで、男性も女性も着用します。街を歩けばさまざまな柄や色のロンジーを見ることができるでしょう。会社員や学生も、ワイシャツにロンジー、サンダルといった昔ながらのスタイルで今も生活しています。ちなみに隣接するバングラデシュでもルンギという巻きスカートが男性の普段着として親しまれています。

ロンジーは身に着ける際にベルト等は一切用いません。布のあまりを腰の部分にぐっと押し込むだけのシンプルなもの。ミャンマーの人々は腰の部分に携帯電話や鍵を挟み込んでいます。

ロンジーを身に着けた人々

私もミャンマー滞在時に買い求め、ロンジー姿でしばらく過ごしてみたことがありますが、すぐにはだけてしまいそうな気がして落ち着きませんでした。ただ慣れてくるとむしろロンジーの方が快適。というのも、ミャンマーの高温多湿な気候を考えると、裾が大きく開いたロンジーの方が涼しいのです。

また、ミャンマーに行くと、女性や子どもの顔に泥のようなものが塗られているのを見て驚くかもしれません。これも伝統的なスタイルで、自然化粧品である「タナカ」と呼ばれるものです。タナカは主に女性や子どもが日焼け止めとして顔や腕に塗って使います。木の幹をすりおろした自然化粧品で、街中ではもちろん土産物として市内の商店や空港で手軽に購入できます。

塗り方は千差万別で、控えめに塗っている人もいれば、両頬に円を描くように塗っている人もいるなど多様なスタイルを見かけます。

顔にタナカを塗る女性

さらにミャンマー国内には130を超える少数民族が住んでいます。各民族が特徴のある民族衣装で生活しており、地方に行くとタナカ・ロンジースタイル以外の衣装を見ることもできます。

今でもタナカとロンジースタイルで生活する人々の数は少なくありませんが、大都市の若い世代、特に女性を中心に、そのスタイルが変わり始めています。

ヤンゴンなどの都市部では、ジーンズやミ

ニスカートをはき、タナカの代わりに一般的な化粧品でメイクをする女性が増えています。彼女たちはインターネットやテレビドラマで情報を収集し、自分たちのスタイルに取り入れているのです。

日本のことは知らない。韓国はかっこいい

なかでも、韓国の影響は大きいようです。テレビに出てくる韓流スターたちのスタイルを真似る若者が多くいます。これからの消費を担う若い世代にとって、韓国への憧れや存在感が、大きくなってきているのです。日本製品の人気はと言うと、年配の女性には人気だそうですが、若い世代は韓国製を使うのだとか。

ヤンゴンに次ぐミャンマー第2の都市、国土の中央に位置するマンダレーを訪れた時のことです。市街を一望できるマンダレーヒルの登山道で出会った若いミャンマー人女性に日本のイメージを尋ねたところ、「日本については全く知らない」という答えが返ってきました。第2の都市とはいえ中心部から離れているし仕方ないかなと思っていた矢先、好きな俳優に韓国俳優の名前を挙げて、彼らはとてもかっこいいと言われ、ここ

都会的なショッピングセンター

まで韓国ドラマの影響は来ているのかと驚嘆したものです。

首都ネピドーや旧首都ヤンゴンでは相次いで大型ショッピングセンターが開業しています。女性用の衣料品店はもちろん家電や携帯電話ショップ、日本の100円ショップ、フードコートに映画館などが軒を連ねています。ミャンマーの人々の一般的な所得からすると高価な品物ばかりに見えるのですが、週末ともなると非常に多くの人々で賑わっています。こうして豊かな人々が新しいものを手にし、経済成長とともに徐々に生活様式が変わっていくのでしょう。

最近では、ヤンゴンでファッションショー

も開かれました。これにも多くの人が詰めかけました。ミャンマーの伝統衣装ロンジースタイルとタナカが見られなくなる日もそう遠くはないかもしれません。

インドと中国がミックスする食文化

地図でミャンマーの位置を見ると、北東部は中国、北西部はインドに接しています。また、歴史を振り返るとインドはイギリス統治時代にミャンマーを間接的に統治していました。この2国の影響は、人々の食文化にも見ることができます。

日本と同じく米が主食のミャンマー。複数のおかずを皆で分けて食べるスタイルも日本と同じです。

ミャンマー料理で最もポピュラーなのがカレーです。豚肉や牛肉、エビのカレーなどバリエーションも豊富で、ご飯にとてもよく合う味つけです。ただしこのカレー、胃が弱い人にはツラいかもしれません。というのも、味が濃く、非常に多くの油が使われているのです。ミャンマー料理では油が多いほど贅沢と言われます。街の食堂でカレーが入っている容器をのぞいてみてください、表面に油の層が見えるはずです。

インドと中国の間に位置するミャンマー。インド料理の辛さと、中国料理の脂っこさ、両国の影響を大きく受けているのです。

ご飯とカレーだけがミャンマーの料理ではありません、麺も好まれます。代表的なのは「モヒンガー」と呼ばれる麺です。これはミャンマーの国民食で、朝食に食べるのが一般的です。米からできた麺に、魚のスープをかけます。朝は屋台でモヒンガーを一杯、これがミャンマースタイルです。その他にも地域ごとに特色のある料理がありますので、各地域の特産を試してみるとよいでしょう。

ミャンマーでは食後に「ラペイエ」という紅茶を飲む習慣があります。これは濃い紅茶にコンデンスミルクを入れたとても甘い飲み物です。インドのチャイによく似ています。日本人にはちょっと甘すぎるきらいがありますが、酷暑の中を歩いて汗をかいた体には、この甘いラペイエがなんだかしっくりくるのです。

ちなみに、ベトナムやラオスでもコンデンスミルク入りの非常に甘いコーヒーを日常的に飲みます。暑い国ならではの習慣なのでしょう。

さらに街中を歩くと、路上には多くの屋台が軒を連ねています。小腹がすいた時に気

街中ではゆでトウモロコシも売られている

軽に食べられるものがたくさんあります。揚げパンや揚げドーナッツ、ゆがいたトウモロコシなどスナック感覚で手軽に食べられます。こういった屋台は小学校の前などにも出ており、学校帰りの子どもたちが群がっている光景は、かつて日本の学校の近くには必ずと言っていいほどあった駄菓子屋を思い出させてくれます。

また、ショッピングセンターには、フードコートもあり、地元の人々で賑わっています。ファッションと同じく、路上の屋台や、食堂で食べる姿も徐々に変わっていくのかもしれません。

都市部では日本料理をはじめ、他国の料理

が食べられるレストランがあります。脂っこいミャンマー料理に疲れたら、現地の日本料理にもトライしてみてください。

敬虔な仏教徒が多いミャンマーですが、ビールなどのお酒を飲むこともできます。「Myanmar Beer」や「Mandalay Beer」など種類も豊富です。お酒を飲んでいるのは外国人だけではありません。仏教で飲酒は禁じられているはずのミャンマーの人々も、食事とともにビールを楽しみます。特に最近ではビールではなくウィスキーが人気だとか。ミャンマーの食堂では自ら持ち込んだウィスキーを仲間と楽しんでいる姿を目にします。

みんな大好き？　〝あのおばさん〟の話

日々変化を続ける人々の生活の中で、長らく彼らの心を摑んで離さないのは建国の父アウン・サン将軍とその娘である民主化の旗手アウン・サン・スー・チーさんです。人々のスー・チーさんへの熱狂ぶりは前章でも触れました。

今でこそ、街頭や新聞でスー・チーさんの写真を見ることができますが、かつての軍事政権時代にはそういきませんでした。国家政府に対する批判はもちろん、民主化を声高に叫ぶスー・チーさんの名前を表立って口にすることはご法度でした。政府関係者の目の前ではもちろんのこと、友人との会話の中でさえその名を口にすると会話相手から密告され禁固刑に処されるというケースも後を絶たなかったのです。そうした中、人目を憚りつつスー・チーさんの名前を出す際に用いられたのが〝あのおばさん（The Lady)〟という隠語です。「The Lady」のタイトルで映画にもなりましたね。

このように軍事政権＝悪、スー・チーさん＝善という構図で国民や米欧から絶大な支持を得てきたスー・チーさんですが、必ずしも国民全員がもろ手を挙げて彼女の活動を支持してきたわけではないようです。

例えば、「彼女の表立った軍事政権批判が米欧による経済制裁を長引かせた」「国政経験のないマスコットに過ぎない。これからも対外的な顔としてだけ活躍してくれればよい」などという冷ややかな意見も人々の口から語られています。

建国の父の娘であり、イギリスをはじめ諸外国での留学や就業経験が豊富なスー・チーさんは、多くの国民を惹き付ける力を持ち、ミャンマーの現状を（たとえ偏向報道だとしても）対外的に発信する上では非常に重要な役割を担ってきました。しかし、民政移管し、国を挙げて大きく変革を遂げようとしている現状においては、次第に彼女の役割や彼女に対する期待値も変化してきているように思われます。1989年から2010年までの実に約21年もの間、自宅に軟禁されてきた人に本当にミャンマーの政治を運営できる力があるのかという疑問の声も上がってきているのです。とはいえ、スー・チーさん人気は相変わらずです。ある時、タクシーの運転手が言いました。

「政治のことはよく分からないが、とにかくスー・チーさんのことは好きだ」

多くの国民にとってスー・チーさんとはそういう存在なのでしょう。

これからは人々をアジテーションするだけではなく、具体的な政策を着実に実現させていく段階に来ていることを人々は強く認識しています。こうした考えが前述のスー・チーさん批判に繋がっているのです。

政治体制の変革は経済状況の変化、ひいては生活スタイルや人々の価値観の形成にも大きく影響を与え、またそのスピードが激烈なのが今のミャンマーです。過去数度のミャンマー訪問を通じて目に見えて増える自動車の数や、1年間で倍以上に跳ね上がったホテルの料金を目の当たりにし、そのスピードを実感してきました。

今後ミャンマーと付き合っていく上では、ビジネスに限らず、人々のライフスタイルの変化を通した価値観の変化への理解も重要となっていくと思います。

国民意識よりも強い民族としての自負

ミャンマー国内には135の民族が暮らしています。最も数の多いビルマ族が約70%、次いでシャン族8・5%、カレン族6・2%、インド・パキスタン・バングラデシュ系4・6%と続きます。7つの管区と7つの州からなるミャンマー全土の「主な民族の名を冠した州」に少数民族は居住しています。

例えば、インドとの国境に位置する「チン州に住むチン族」の女性は、顔にさまざまな模様の入れ墨を施しています。あるいは、タイ国境に近いカヤー州の山岳地帯には、俗に「首長族」と呼ばれる人々がいます。首に金属の輪をいくつもつけた女性をテレビなどで見た人も多いのではないでしょうか。

これまで「ミャンマーの人々」という表現をあえて使ってきました。ミャンマー国籍を持つ人という意味では皆ミャンマー人です。しかし、各民族は、独自の言語や文化を今もなお持ち続けており、国という概念以前に自分たちは○○族であるということに強い自負を持っています。その様子を見ていると、国民ひとりひとりのレベルではミャンマー人と一括りにできないように感じていたのです。

私が初めてミャンマーを訪れた際に、ガイドを務めてくれた女性は、自己紹介の際に「私はモン族の女です」ときっぱりと主張していました。その彼女の凜とした声に、彼女が自らの民族に持つ誇りを垣間見た気がしました。しかし、民族の多様性に乏しい我々日本人には、国家や郷土以上に自分自身のアイデンティティを規定する民族という考え方は感覚的には理解しづらいものがあります。

130以上もの民族が自らの民族への高い帰属意識を持っていると、自ずとその想いは民族自決へと繋がってきます。事実、少数民族は分離独立を求め、長年にわたって政府と対立してきました。1989年～2005年には、政府と停戦協定を結ぶ武装グループも出てきましたが、一部の武装グループは、交戦状態を続けてきました。

少数民族の独立運動を武力で押さえ込む軍政の対応は、西洋諸国を中心に非人道的として非難を浴び、経済制裁を科される要因となりました。そして、軍事政権＝悪という論拠を支えてきたのです。報道を通して我々に伝わるミャンマーのイメージと言えば、政府に楯突くものには容赦しない、圧倒的な武力で国民を弾圧する恐ろしい政府といったものだったと思います。

武力による人々への攻撃は決して許されることではありませんが、政府の対応に対する別の考え方もあります。それは、少数民族への強硬な押さえつけ行為はミャンマーの民主化を実現するための必要なプロセスだったという考え方です。つまり、イギリスや日本の支配から独立を勝ち取り、これから一つの国になろうという際に、各民族の独立要求を一つひとつ認めていっては、いつまで経っても国家としてまとまることができない。まずは一つの国としてまとまり、国際的な力をつけていかなければならない。したがって、強引ではあっても、軍事政権が力でもってガバナンスを利かせる必要があったというものです。

現に軍事政権時代には表出しなかった仏教徒・イスラム教徒の対立が民政移管以降激化し、タイ国境付近には住まいを奪われた多くの人々が押し寄せ、難民キャンプには人が溢れていると言います。

軍事政権の対応に賛否はあるものの、新政権はこれまで対立を続けてきた少数民族集団との和解を徐々に実現してきました。経済制裁の解除を引き出すためにも、武装勢力との和平協議は必要不可欠だったのです。2012年に入り、60年以上も対立を続けてきたカレン民族同盟など6つの武装グループと和平合意に至りました。ただ、すべての武装グループとすんなり和平合意とはいかず、北部のカチン独立機構との停戦協議は難航、2013年5月30日にようやく停戦合意しました。

こうした歴史を経ながら、ミャンマーはより民主的な体制へと遷移しつつあります。しかし、前述の宗教対立や長らく続く内戦の結果、周辺諸国へ大量の難民が流れていきます。ミャンマー国境に近いタイ国内には9つの難民キャンプがあり、十数万人もの人々が収容されていると言います。少数民族問題解決への道のりはようやく始まったところなのです。

過熱するミャンマー詣でで物価は上昇

２０１１年、民政移管後のミャンマーで、スー・チーさんの顔写真が一面を飾った新聞が市内に出回りました。このことはミャンマーの民主化を象徴する一つの出来事として各国でセンセーショナルに取り上げられました。軍事政権にとっての宿敵とも言うべき存在。検閲の厳しい軍事政権下では、スー・チーさんの写真が新聞紙面を飾ることはおろか、公の場でその名を口にすることすらできなかったことを考えると驚くべきことだったのです。さらにスー・チーさんの写真掲載の一件だけでなく、新政権はスー・チーさんの自宅軟禁からの解放を皮切りに、政治犯の釈放、インターネット規制の緩和などの政策を次々に実行し、対外的な民主化のアピールを行いました。

この結果、軍政の弾圧におびえ、苦しい生活を強いられてきた人々の生活は大きく変わったのでしょうか？　どうやら必ずしもそうではないようです。むしろ、世界中から訪れる企業・投資家によって、物価は上昇し、人々の暮らしは苦しくなっており、「軍政の頃の方がよかった」と言う人がいるのも現状です。

私は民政移管直後に初めてミャンマーを訪れたのですが、人々の生活は穏やかで、潤沢にとは言わないまでも、生活用品は行きわたっていました。街を歩いてみると、はた目にはひどい生活を強いられているように見えません。報道で見聞きしたような、軍事政権による統制などなかったのではないか、とさえ思ってしまいました。さらにその後もたびたびミャンマーを訪れていますが、いつも街の変化を感じます。これまで古い日本車ばかりだったヤンゴンの道路には新しい車の数が目に見えて多くなっています。また携帯電話を持つ人や、ショッピングモールを訪れる人々の数も目を見張るほどです。

一見すると平穏な国ですが、軍事政権による言論や行動への統制はやはり確かに存在していました。そして、人々を苦しめてきました。軍事政権を批判するような言動を取った人々は政治犯として捕えられ、投獄されました。強制労働につかされることもあったと言います。

人々が穏やかに暮らしているように見えるその裏には、多くの犠牲を払っても変わらなかった現実に対する、ある種の「あきらめ」の気持ちがあるのかもしれません。民主化を掲げスタートした新政権に対しても、「そう簡単には信用しちゃいけない」と思っていると言います。

ただ少しずつ、そして着実に、政府に対する人々の反応にも変化の兆しが出ています。

民政移管後まもない2011年10月には、ヤンゴンの街中で抗議デモと座り込みを行う農民たちの姿がありました。土地を政府に奪われたと主張するデモ活動です。従来であれば、公の場で体制を批判するなど到底考えられないことでした。結果、警察が出動しデモ隊は解散させられましたが、暴力行為はありませんでした。これは、かつて国民に銃口を向けた政府の対応を思うと大きな変化でした。セイン政権誕生当初は、種々の民主化政策も米欧から経済制裁緩和・解除を引き出すためのパフォーマンスに過ぎないとされていましたが、こうした政府の姿勢が真の民主化に歩み出していると評価され、国際社会における信頼の回復へと繋がっていったのです。

ミャンマーで流行しているもの

給与の3分の1は寺に、3分の1は両親に、そして残りは自分に使うという心優しい人々。敬虔な仏教徒として、皆つつましい生活をよしとし、努めて質素な生活をしているかというと、そういうわけではありません。経済制裁を受けている間、経済的な発展から取り残されてきたため、今、国を挙げて経済的な豊かさを追い求め、周辺国に追いつけ追い越せという状況です。政府だけでなく、人々もより豊かな暮らしを求めています。

例えば、若者に今欲しいものを聞いてみるとスマートフォンなどのデジタルデバイスや車という答えが返ってきました。ミャンマーの人々の平均年齢は27歳、消費意欲旺盛な世代が今後のミャンマーの成長の原動力となっていくでしょう。

そんな消費意欲旺盛な若者たちは、できる限りよい給与を得ようと、海外に職を求めます。これまで国内に大規模な産業もなく、周辺国よりも給与水準ははるかに低いため、国外に目が向くのは当然かもしれません。特に、高い教育を受けた若者たちには、「海外に留学して語学や専門知識を身につけ、外資系の企業に就職する」というキャリアを描く人が多くいます。例えば、シンガポールに就職すれば、ミャンマー国内で就職した場合の10倍近くの収入を得ることができると言います。

今、最も人気のある留学先は東南アジアの中でも経済成長の進んだシンガポールやマレーシア、英語圏ではオーストラリアなどです。各国の大学も出張所を設け留学を希望する学生向けのセミナーを実施するなどして、ミャンマーからの留学生の獲得に熱心です。

ちなみに留学先としての日本の人気はと言うと、残念ながら高くはありません。親日家の多いミャンマー、かつては日本がミャンマーの人々の行きたい国ナンバー1だったのですがすっかり他国の後塵を拝しています。なぜなら、日本に留学して日本語を習得しても、語学を活かした高収入の仕事に就くチャンスが少ないからです。

米欧が経済制裁を科す中、日本は経済制裁を行っていませんでした。しかし、ミャンマーとの取引があることでマイナスのイメージがつくことや、米欧の取引先とのビジネスに支障が出ることを恐れて、日本企業はほとんどミャンマーへの進出に二の足を踏んできました。そうこうしている間に、中国や韓国企業がミャンマー国内に進出し、その存在感を高めていったのです。さらに東日本大震災がダメ押しとなり、日本人気は低迷を続けています。現に日本語学校の生徒数も年々減少していると言います。その一方で、生徒数を急速に伸ばしているのが韓国語学校。この現象はミャンマーだけでなく、東南アジア各国で起きていることです。

今後さらに日本企業の進出が増加し、また多くの日本人がミャンマーを訪れることで、再び日本への関心が高まることを期待しています。

世界三大仏教遺跡バガンをはじめとする美しい景観

ミャンマーには多数の仏教遺跡や、緑豊かな自然が多く残されています。なかでも、ミャンマーの中央部、母なるエーヤワディー川（イラワジ川）の中流域に位置する仏教遺跡バガンは、カンボジアのアンコールワット、インドネシアのボロブドゥールとともにアジアの三大仏教遺跡に数えられています。その数数千とも言われる大小さまざまな仏教寺院が林立するこの遺跡は世界文化遺産に登録が試みられたこともあります。結果は残念ながら登録はなりませんでしたが……。外国人観光客にも人気ですが、ミャンマーの人々にとって重要な聖地の一つです。

1044年、この地にビルマ族最初の王朝が興りました。仏教を篤く信仰した王朝は莫大な財をつぎ込んで、次々とパゴダや寺院を建設していきました。現在目にすることのできる寺院群は2000ほどですが、かつては5000を超える仏教建造物が立ち並んでいたと言います。そして、度重なるフビライ・ハンの元による侵攻を受け、隆盛を誇ったパガン王朝は250年あまりで歴史上から姿を消したのです。

バガンは数々の寺院だけでなく、気候も特徴的です。ミャンマーは国土のほとんどが熱帯・亜熱帯に属しており、降雨量も多く温暖な地域ですが、このバガンのあるあたりは年間の降水量が500㎜という東南アジアの中でも有数の乾燥地帯なのです。したがって、ミャンマー国内によく見られる豊かな森はなく、乾燥した赤茶けた大地の上にバガン遺跡は立ち並んでいるのです。

ミャンマーのほぼ中央に位置するインレー湖もミャンマーでこそ見られる美しい景観の一つです。インレー湖のあるシャン高原は、先ほどの乾燥した土地に立つバガン遺跡とは異なり、インレー湖のたたえる水とその周辺を取り囲む豊かな緑に彩られています。またこのシャン高原最大の湖インレー湖では足で器用に櫂《かい》を操り船を駆るインター族の人々が住む水上の畑や集落を見ることができます。このインター族の操船をモチーフとした土産物はミャンマーの土産物としてポピュラーです。

また、この地域には数多くの少数民族も住んでおり、インレー湖のマーケットに集まってきています。例えば、日本では首長族としておなじみの金属の輪で首を長く見せるパダウン族にもこの地域で出会えます。

　この地域は高原であり南部のヤンゴンと比べると非常に過ごしやすい気候です。私は7月に訪問しましたが、ヤンゴンでは暑さにあえぐほどだったにもかかわらず、インレー湖付近では日が落ちると少し肌寒く感じるほどでした。あえてたとえるなら、バガンが古都奈良、インレー湖は軽井沢といったところでしょうか。

　ビジネス文脈で語られることの多いミャンマーですが、手つかずの豊かな自然もその魅力の一つです。

第三章　ミャンマーが成長市場として期待される理由

急速にミャンマーに接近する国々

民政移管後、市場開放を進めるミャンマーへの進出を決める企業や個人が急速に増えています。ミャンマーの持つ豊富な天然資源や、今後拡大が期待される内需、さらに日本の約1・8倍の広大な国土、6100万人を超える人口と安価な労働力。規制緩和の推進、新外国投資法の成立などが企業の進出を後押しし、東南アジアの新たな成長市場として期待が寄せられているのです。

人々をミャンマーへと駆り立てる理由は市場の魅力以外にもあります。

例えば日本の製造業の場合、これまで中心的な役割を担ってきた生産拠点の政治・経済的な状況、またカントリーリスクの顕在化により、次なる拠点を探す動きが出てきているのです。

かつて、1985年のプラザ合意をきっかけに為替相場は急速な円高となり、製造業はこぞってタイやマレーシアなど、コスト削減を目的としたASEAN圏への進出を加速させました。さらにその後、タイのバーツ暴落に始まった1997年のアジア通貨危

ミャンマーのGDP

実質GDP成長率	6.3% （2012年、IMF）
一人当たりGDP	835ドル （2012年、IMF）
貿易収支	24億5237万ドル （2010年、ミャンマー中央統計局）

・GDPの約40%を1次産業が占めており、一人当たりGDPはベトナムの約60%程度の水準。

・GDPはASEAN最低レベルの水準だが、石油・天然ガスといった地下資源の輸出により、9年連続貿易黒字を達成。過去3年間の平均経済成長率は5%を超えている。

機、そして中国の市場開放路線を背景に、中国での製造拠点の設立ラッシュが始まったのです。

２０００年代まで続いた中国投資ブームですが、ここへ来てその陰りが見えてきました。チャイナリスクが顕在化してきたのです。２０１２年に中国の労働者が起こしたデモや暴動は記憶に新しいでしょう。日中関係の悪化など政治的なリスクが直接事業活動に影響するだけでなく、人件費も高騰しており「安く作って高く売る」という製造業のビジネスモデルを維持するための拠点としての魅力が相対的に低下しています。

また、同じくアジアの製造拠点の一翼を担うタイでも２０１１年に大規模な洪水が起こり、被害を受けた日系企業も少なくありません。こうして一極集中的な進出形態への危機感が高まり、製造拠点の分散化を検討する動きが出てきたのです。

中国の次なる生産拠点・市場である「チャイナプラスワン」の筆頭としてベトナムやインドネシアが挙げられます。なんといっても中国と比べて安価で豊富な労働市場と東南アジア各国へのアクセスのよさ。そして若い世代が消費を牽引する巨大マーケット。製造拠点としても将来的な販売市場としても大きな可能性を持っているのです。現にこれらの国には現在進行形で次々と日系企業が進出しています。

しかし近年の経済成長に伴いこれらチャイナプラスワンの国々も徐々に人件費が高騰してきました。そしてベトナムプラスワンを探す動きが強まってきていたのです。さらに安倍政権以前の円高基調が労働集約的な産業をより人件費が安く製造コストが抑えられる国へと追い立てていったのです。

そこでチャイナプラスワン、タイ・ベトナムプラスワンとして白羽の矢が立ったのがミャンマーでした。具体的に人件費を比べてみると、一般労働者の月収を見ると中国約366ドルに対し、ベトナムはその半分弱（約150ドル）、ミャンマーはさらにその半分程度（約70ドル）です。

このような背景から日本企業が次々とミャンマーを訪れ、事業展開に向けて動き出しています。

もちろんこのような動きは日本企業だけではありません。米欧による経済制裁中もミャンマーとの関係を維持していた中国企業はもちろん、米欧各国やアジアの国々からも次々と企業が進出しています。例えばベトナムの流通大手CTグループは、ヤンゴンに

「ベトナム・ミャンマー工業団地」の建設を発表しています。

視察だけで結論を出さない日本人

国土が広く手つかずの天然資源や人材がそろい、ビジネスチャンスが多いと言われていますが、他国に遅れを取らず、ミャンマーの有力筋や事業のステークホルダーと関係を築いていくためには事業のスピードが求められます。

しかし、私はヤンゴンで日本人がこんな風に揶揄されているという話を現地駐在員の方から伺いました。

「視察数では日本人が圧倒的に多い。日本は昔からミャンマーへの支援をしてくれ感謝している。しかし、視察に来た日本人はその場で結論を出せない。しかも日本に持ち帰った後は全く音沙汰がない、あるいは話が決まらない。そう、日本人は「NATO（No Action Talk Only＝口ばっかりで動かない）」となんとも不名誉なあだ名をつけられてしまっていると言うのです。

日々変化を続けるこの国で事業を展開する上で、リスクに慎重になるのは当然のことですが、その日本人らしい慎重さが時には決断の遅れを招き、ひいては事業展開で出遅れてしまうことになりかねません。

現地を訪問し事業展開の可能性を判断するためには、何を明確にしなければならないのか、そのためには誰に何を尋ね、どこから情報を得なければいけないのかを具体化した上で足を運ぶべきです。近年のミャンマー熱にあたり、なんとなく訪れただけではNATOの汚名返上とはいかないかもしれません。

実は第二次ミャンマー投資ブーム

これまで民政移管後のミャンマーブームについて言及してきましたが、過去にもミャンマーへの投資ブームが起きたことがあります。いわば、現在は第二次ミャンマーブームと言えます。

1990年代半ばにミャンマーに店頭取引所の「ミャンマー証券取引センター」が開設されていたことをご存じでしょうか。その頃、三井物産による工業団地の建設や、富士銀行（当時）による現地銀行との合弁銀行の設立などを皮切りに、日本企業はミャンマーへの投資に熱を入れていました。

当時は日本の大和総研の支援のもとにミャンマー証券取引センターも設立されていました。直接投資のみならず間接投資も呼び込もうという狙いがあったのです。しかし残念ながら、経済開放路線への失望感が高まり、間接投資も下火になり、証券取引センターもほどなく閉鎖状態となってしまったのでした。

そして、その後のアジア通貨危機、ミャンマーの政情不安定化によって、日系企業は一気に中国へと流れていきます。さらに米欧による経済制裁がダメ押しとなり日系企業はミャンマーから手を引いてしまいました。

今、再びミャンマー投資熱が高まりを見せる中、東京証券取引所と大和証券グループ本社が共同で、2015年のミャンマー証券取引所設立を目標に動き出しています。

ミャンマー中央銀行と資本市場整備に関する覚書を交わし、取引所の制度やシステムの設計に関する助言の他、人材育成など5項目での支援を約束しました。さらに国際協力機構（JICA）が調査費用等を支援することも決定しています。

政府系や銀行だけではないルートからの資金調達ができる仕組みを作ることで、進出企業の経済活動をさらに加速させることができると期待が寄せられています。

とはいえ証券取引法の策定など実現に向けての課題は少なくなく、投資基盤の整備には時間を要すると見られています。

ところで、ミャンマーの証券取引所への支援を日本の東証と大和証券グループが行うわけですが、実は東南アジアの、特に経済成長期にある国々では証券取引所支援を巡る激しい競争があります。カンボジアやラオスの証券取引所は韓国の支援によって設立されました。これは、証券取引所への支援を通じて、自国の企業や個人投資家の市場参入を後押しすることが狙いです。

どれだけ魅力的なマーケットであっても、事業環境の整備の真っ只中に飛び込むのはリスクも伴いますし、規模の小さい企業にとっては容易なことではありません。工業団地や証券取引所の整備など、各国はそれぞれの思惑を持って事業インフラの整備に取り組み、ミャンマーへの事業展開を後押ししています。

経済制裁を解除。米欧も進出に意欲的

東南アジアのラストフロンティアと称されるミャンマーですが、経済指標で見ると東南アジアで最も貧しい国でもあり、国連からは後発開発途上国指定を受けています。

東南アジアで最も経済発展した国と言えばタイでしょう。国民一人当たりのGDPで比較するとミャンマーの7倍の経済規模です。しかし、1980年代はミャンマーが東南アジア随一の発展を誇っていました。タイの駐在員は週末にヤンゴンにまで足を延ばして買い物をしていたとさえ言います。

現在のように立場が逆転し、周辺国から経済成長の観点で大きく遅れを取ったのは、米欧によって科せられた経済制裁が一つの要因です。

例えば、ミャンマーの衣料品輸出額は、米国の制裁が始まる2003年以前は年間約8億ドル以上だったのですが、米国の制裁により輸出額は3億ドルに減少、8万人以上の労働者が職を失ったと言います。また、1990年時点ではほぼ同程度の経済規模だったベトナムには大きく水をあけられ、今ではベトナムの方が約1・7倍の経済成長を遂げています。

制裁の発動から10年近い時を経て、ミャンマー経済は諸外国から切り離され、結果として軍政に民主化を迫る一助となったと評価する声もあります。

２０１２年7月、米国政府はミャンマーに対する経済制裁の一部緩和を発表しました。米国企業・個人によるミャンマーへの投資や、金融サービスの提供などこれまで禁止してきた商取引を解禁したのです。依然として人権侵害や民族対立、北朝鮮との武器取引などに関係している政府や軍の当局者は制裁の対象ですが、一般的な商取引においてはほぼ全面解禁と言える状態です。

経済制裁の緩和を受け、米国企業によるミャンマー進出も加速しています。

世界最大コングロマリット、ゼネラル・エレクトリック（ＧＥ）もミャンマーでビジネスを急拡大している企業の一つです。２０１２年12月にはミャンマーの天然ガス発電プロジェクトに自社の航空機エンジン転用型ガスタービンの供給、技術支援の実施を発表しました。これは今後の進出企業の増加や経済成長に伴う電力需要の増大への対応が狙いです。

また、米国を代表する世界最大規模の飲料企業コカ・コーラもミャンマー市場に参入しています。実は世界中でコカ・コーラが飲めないのはこれまで世界に3カ国だけでした。それは北朝鮮、キューバ、そしてミャンマーだったのです。2012年9月、コカ・コーラ社はミャンマーへの直接出荷を開始し、さらに約60年ぶりに2013年6月には現地生産を開始したのです。販売、そして数年以内に現地生産を含む大型投資への移行を検討しています。

私が2012年9月にミャンマーを訪れた際にはスーパーにコカ・コーラが並んでいて、輸入元を見るとシンガポールとベトナムでした。ちなみに、わずかですがシンガポール製の方が高い値段がついていました。

米国と同じく欧州でも制裁緩和、市場参入の動きが加速しています。EUはミャンマーへの制裁のうち、武器禁輸を除いて一時停止することを決定しました。国営企業への投資や、木材や鉱物資源などの貿易への参入が可能となったのです。こうした決定を受け、広告世界最大手の英WPPがミャンマーの広告会社に出資。石油大手の英蘭ロイヤル・ダッチ・シェルや英BPも資源開発に意欲を示しています。

制裁緩和を契機に米欧企業の進出が今後も増大していくことは間違いないでしょう。

これまで触れてきたような米欧による制裁緩和の動きは民政移管の後すぐに行われたわけではありませんでした。米欧はむしろミャンマーの民主化に対して慎重な態度を取っていました。過去に何度も裏切ってきた国をそうやすやすとは信用できないというわけです。しかし、スー・チーさんの解放、インターネットの閲覧規制の解除や政治犯の釈放など次々と民主化施策を打ち出す姿勢に、徐々に態度を軟化、新政権の民主化姿勢を評価し始めたのでした。

米欧が民主化を後押ししてきた裏には、経済制裁の最中、したたかにミャンマーに近づき、影響力を強めていた中国を牽制するという思惑がありました。アジア重視を謳う米国にとって、ミャンマーに限らず東南アジア各国に根付き存在感を増している中国をそのままにはしておけませんでした。

そんな米欧の思惑に応えるかのように、新政府は、中国と共同で進めているイラワジ川上流の水力発電用ダムの建設を「国民の意に反する」として、工事の中断を発表しました。中国の反発を覚悟の上で、米欧に改革姿勢を強調し、経済制裁緩和を図るためだったとも言われています。

ミャンマーを擁護し続けたしたたかな中国の狙い

先に書いたように、経済制裁により孤立したミャンマーは中国への依存を高めていました。米欧諸国がミャンマーに経済制裁を加える一方で、中国やASEAN諸国は、内政不干渉を名目に、軍事政権を批判しなかったのです。むしろ中国は経済協力や武器の援助を続け、経済・外交面でミャンマーを強力にサポートしてきました。こうしてミャンマーの軍事政権は、中国を頼らざるを得なくなっていったのです。

中国がミャンマーの擁護を続けてきたのは次の二つの理由からです。

一つ目は、エネルギー調達先としてのミャンマーです。

ミャンマーの沿岸部で採掘される天然ガスや、中東などで調達した原油をパイプラインを通して国内に輸送するのです。天然ガスの輸出はミャンマーの総輸出量の4割を占め、ミャンマーにとっても貴重な外貨獲得源です。

また、ミャンマーの国土を流れるイラワジ川の豊富な水量を活用した発電所から国境付近の地域へ送電する計画があります。中国はミャンマー政府と共同でイラワジ川上流に7つの水力発電ダム建設の計画を立てていました。そのうちの一つ、ミッソンダムの建設計画は新政権がその中止を発表しましたが、残り6つのダムについての計画は進められています。

天然ガスと同様に水力発電所からの売電も貴重な外貨獲得源となるでしょう。近隣のラオスも国内を流れる豊富な水源を活用した水力発電所の建設を通じ、タイなどに電気を売り、「東南アジアのバッテリー」と呼ばれることもあります。中国からの大規模な投資により、東南アジアのバッテリーの座はミャンマーになるかもしれません。

こうしたエネルギー調達先としてのミャンマーと良好な関係を築き、資源供給ルートを確保するため、中国はミャンマーの道路、発電所、パイプラインなどインフラ整備に多額の投資を行ってきました。ミャンマーの総輸出額の実に24%以上（2011年度）を中国が占めています。

二つ目の理由は、ミャンマーの地理的な優位性です。

中国はインド洋を取り囲む重要拠点を繋ぐ「真珠の首飾り」戦略を遂行しています。インド洋沿岸の要所（＝真珠）を繋ぎ、中国海軍の影響力を増大させようというものです。ミャンマーもその重要な真珠の一つなのです。

また安全保障上の理由だけでなく、内陸の雲南省からインド洋へのルートの確保は交易の観点から見ても不可欠です。２０１１年にはミャンマー鉄道公社は中国との国境の街ムセから、沖合に天然ガス油田を持つチャオピューまでの鉄道建設に中国の協力を取り付けています。

このような二つの観点から中国にとってミャンマーは重要な拠点であり今後も良好な関係を維持する姿勢を見せています。２０１３年４月には習近平国家主席が訪中したテイン・セイン大統領と会談し、ミャンマーのインフラ整備などに中国企業を積極的に関与させる方針を示しています。

ミャンマーでも韓流ブーム!?

ミャンマーに関心を示しているのは米欧や中国だけではありません。

東南アジア各国で急速に存在感を高める韓国。その勢いはミャンマーでも同じです。ヤンゴンの空港に到着すればあちこちでサムスン製品を目にします。タクシーで市内を走っても同じです。数年前にヤンゴン市内に大きな液晶画面が設置されました。その画面もサムスンによって設置されたものでした。

各国のメディアを押さえ、韓国発のコンテンツを大量に流すことで市民の生活に深く入り込み、消費者の心を掴んでしまう韓国式マーケティングはミャンマーでも健在。人々は韓国ドラマで見た生活スタイルに憧れ、サムスンやLGをはじめとする韓国製品の購入へと繋がっていくのです。

ミャンマーよりも早く韓流がやってきたベトナムを見てみると、家電量販店に行けば日本メーカーのロゴなど店舗の隅っこにあるばかり。大きくスペースを割いているのはほぼ間違いなく韓国メーカーです。

ミャンマーでは年配の方々は日本製品への信頼も厚いのですが、若い世代はベトナム同様韓国製品への憧れを強めています。例えば化粧品は若くて流行に敏感な世代は韓国製を購入、日本製は年配に好んで使われ、若者から見ると古臭いイメージでさえあると耳にしました。親日国と言われるミャンマーで日本製品の人気が下がっていくのはなんとも歯がゆいものがあります。

ミャンマーと韓国の歴史をさかのぼってみると、一つの歴史的な事件があります。

それは1983年にラングーン（現在のヤンゴン）を訪問中だった韓国大統領一行を狙った北朝鮮によるテロ事件、通称「ラングーン事件」です。この事件とミャンマーに関係は一切ありませんでしたが、その事件以降、2012年に李明博《イミョンバク》大統領が訪問するまで実に29年間もの間、韓国の大統領がミャンマーを訪れることはありませんでした。

その間の韓国とミャンマーの関係はどうだったかと言うと、米欧主導の経済制裁に韓国も追随していました。そしてミャンマーは中国に接近したのと同様、北朝鮮との関係を強めていきました。小銃やミサイルなどの兵器を購入していたと言います。その結果、軍事政権はブッシュ政権にイラクやイランと並ぶ「悪の枢軸国」の一つに数えられていました。

現在は、他国同様、ミャンマー新政権の民主化を評価し、より一層の経済協力を行っていくとしています。メディアを通じて人々の生活に浸透すると同時に、国家のバックアップを受けてミャンマー市場に事業展開を進める韓国企業。東南アジアでの覇権争いの一翼を成すことは間違いないと思います。

隣国タイが抱えるミャンマーの難民問題

多額のインフラ投資で存在感を増す中国がよく取り沙汰されますが、他のアジア諸国も積極的にミャンマーに進出しています。

とりわけ国境を接するタイはミャンマー経済を支える重要なパートナーです。ミャンマーへの累計投資額トップ4は中国、タイ、香港、韓国で、タイは2番なのです。アンダマン海域の天然ガスの輸出先でもあり、2011年度のミャンマーの輸出総額の約42％はタイ向けでした。

また、タイ政府は、インド方面への物流拠点として注目される「ダウェー（深海港）とバンコクを結ぶ道路整備計画」への協力を決定しています。この一大プロジェクトを担うのがタイ最大手の建設会社、イタリアン・タイ・ディベロップメント社です。同社はミャンマー政府から75年にわたる深海港および周辺開発の認可を得ています。

またミャンマー人にとっては、経済発展を遂げている隣国タイでの労働環境は魅力的で100万人を超える人々が毎年出稼ぎに行っています。

南北に長い国境で接しているタイとミャンマー。この位置関係だからこそ抱えている問題もあります。

ミャンマーからの難民の問題です。現在タイ国内にはミャンマーとの国境付近に9つの難民キャンプがあります。軍事政権下のミャンマーでは、カレン族などの少数民族と政府軍が長年にわたって武力衝突を続けてきました。そして戦闘によって住む場所を追われた人々がタイに難民として逃げ込んできたのです。このタイの難民キャンプは世界で最も長く存在する難民キャンプであり、今では15万人もの難民が生活しています。ミャンマー新政権は軍事政権時代から長らく衝突を続けてきた複数の少数民族との和解・停戦合意を実現してきました。この軍事政権時代の負の遺産とも言える難民キャンプが解消され、人々が望む場所で生活できるようになることが、タイはもとより各国がミャンマーに期待していることです。

脱中国を図るミャンマー、出遅れる日本

これまで見てきたように、ミャンマーへ熱い視線を注いでいるのは日本だけではありません。米欧やアジア各国がそれぞれの思惑を持ってミャンマー市場に参入し、さなが

ら群雄割拠の様相を呈しています。

受け入れるミャンマー自体は、水力発電用ダムの建設中止に象徴されるように、脱中国の動きを見せています。経済制裁下で中国に依存せざるを得なかった状況は過去のこと。むしろ中国に依存し続け、他の国と距離を取ることの方が今後のミャンマーの発展にはマイナスになると判断していると考えられます。国内の投資環境の整備を進めながら、大統領自ら各国を歴訪しミャンマーへの投資を呼びかけています。

日本はと言うと、既述したようにミャンマーへの視察数は群を抜いています。しかし、実際に事業開始ということになるとなかなか初速が遅く他国に出遅れ気味です。早くからミャンマーに接近した中国や、メディア戦略を軸に市場に入り込む韓国の企業は、着実にミャンマーで存在感を高めています。ミャンマーに進出している日本企業は2013年5月時点で105社なのに対し、中国企業は約2万7000社とも言われています。

元来、ミャンマーは親日国家です。独立を支援した日本軍との関係や1954年の平和条約締結以降の多額の賠償金や援助（約1865億円）もあり、第二次世界大戦中の一時を除き、ミャンマーは親日を謳い、ずっと良好な関係を続けてきました。しかし、軍事政権に突入した頃からその存在感は薄くなってきています。

米欧がミャンマーへの制裁を強めていたため、日本は非人道的な軍事政権非難の論調に同調しつつ、「緊急性が高く人道的な案件」に限って、援助を続けてきました。例えば、村落への給水設備の供与などの支援は2011年度も継続しています。

一方の民間レベルでは多くの日本企業が、ミャンマー市場への参入に二の足を踏んできました。経済制裁下のミャンマーでの経済活動が米欧での事業に悪影響となることを恐れたのです。

米欧のように徹底した経済制裁を科すわけでもなく、かといって中国のように強固な関係を築くために近づくわけでもなく、要するに中途半端だったことが今の日緬関係に災いしています。

このような状況を日本も手をこまねいて見ているわけではありません。むしろセイン政権の民主化行動を評価し、米欧に先がけて対話に乗り出したのは日本でした。

2013年3月には日本政府はミャンマーに3件、総額510・5億円の円借款を供与することを決定しました。実に26年ぶりとなるミャンマーに対する円借款です。また円借款の再開に向けて、これまでミャンマーが抱えていた日本に対する約5000億円の延滞債務について日本政府による免除や邦銀の繋ぎ融資などの施策が取られ、その準備が進められていました。

この円借款は、ヤンゴン都市部の発電所や、地方の道路や電力、水道の建設・改修に活用されます。また日本の商社連合とミャンマー政府が2015年の事業開始に向けて共同開発を進めているティラワ工業団地のインフラ整備にも使われます。

かつて日本企業にミャンマーを敬遠させた経済制裁は緩和され、日本政府主導のインフラ整備事業もこれから本格化していきます。ミャンマーへの市場進出で先手を取るための機は熟してきていると言えるでしょう。

石油や天然ガスなどの豊富な天然資源に、6100万人の消費市場、人件費が相対的に安く教育レベルの高い人々。また中国・インド市場へのアクセスのよさなどミャンマーの抱える数々の果実を取りに行くのは今かもしれません。

各国からの直接投資状況

２０１０年４月から２０１３年３月までのミャンマーへの直接投資（認可ベース）を見ると、２０１０年度の１９９億９９００万ドルをピークに年々大幅に減少しています。２０１２年度は94件、14億１９５０万ドルで、２０１１年度の46億４４５０万ドルから69・８％減と大幅に減少しました。２０１１年度の投資額のうち43億４４００万ドル（93・５％）は中国によるカチン州チップエの水力発電所建設です。２０１２年は大規模な発電所建設の投資がなかったことが、投資額の大幅減の要因の一つです。

一方で堅調な伸びを示しているのが製造業と石油・ガス分野への投資です。製造業は前年の約12倍、石油・ガス分野は25％増となりました。

依然としてエネルギーや資源関連への投資が中心ですが、ここへ来て製造業への投資が急成長を見せています。２０１２年度に認可を受けた投資案件94件のうち、78件が製造業でした。テイン・セイン政権が推し進めてきた多重為替制度の廃止、外国投資法の改正やインフラ整備の進展により投資可能な事業環境ができてきていると言えるでしょう。

海外からミャンマーへの直接投資額

投資額(単位:100万ドル)

業種	2010-2011	2011-2012	2012-2013	構成比	前年比
製造業	66.3	32.3	400.7	28.2%	1142.4%
電力業	8,218.5	4,344.0	364.2	25.7%	-91.6%
石油・ガス	10,179.3	247.7	309.2	21.8%	24.8%
ホテル・観光	-	-	300	21.1%	-
鉱業	1,396.1	19.9	15.3	1.1%	-22.9%
農業	138.8	-	9.7	0.7%	-
水産	-	-	5.6	0.4%	-
運輸	-	0.634	-	-	-
その他	-	-	14.766	1.0%	-
合計	19,999.0	4,644.5	1,419.5		-69.8%

海外からミャンマーへの直接投資件数

業種	2010-2011	2011-2012	2012-2013
製造業	4	5	78
電力	2	1	1
石油・ガス	12	5	6
ホテル・観光	0	0	1
鉱業	3	2	1
農業	3	0	2
水産	0	0	1
運輸	0	0	0
その他	0	0	4
合計	24	13	94

国別のミャンマーへの直接投資状況

	件数			投資額（単位:100万ドル）		
	2010-2011	2011-2012	2012-2013	2010-2011	2011-2012	2012-2013
中国	3	2	14	8,269.2	4,345.7	407.3
ベトナム		1	3		18.1	329.4
シンガポール	1		14	226.2		247.8
イギリス	1	1	5	799	99.8	232.7
香港	6		9	5,798.3		80.8
日本		2	11	7.1	4.3	54.1
韓国	10	2	28	2,676.4	25.6	37.9
インド		1	2		73	11.5
オランダ			2			10.3
マレーシア	2	3	2	76.8	51.9	4.3
タイ	1		2	2,146.0		1.3
カナダ			1			1
ブルネイ			1			1
パナマ		1			26	
合計	24	13	94	19,999.0	4,644.5	1,419.5

国別の投資状況を見ると2012年度は中国、ベトナム、シンガポールがトップ3です。上位3国で全投資額の約70％を占めています。中国は米欧による経済制裁下も積極的に投資を続けてきたこともあり、過去数年にわたり最大の投資国です。2位のベトナムは約3億ドルを投資しヤンゴンの中心地8haの土地に大型のショッピングセンターやホテル、アパートメントを含む複合商業施設の建設プロジェクトを申請。2012年にその認可が下り一気に上位投資国に浮上しました。

日本は全体で6番目、全投資額のうち3・8％を占めています。現時点での投資額は大きくありませんが、前年度と比較すると投資額は12倍以上に増大。投資案件数も2011年度の2件から11件へと大幅に増加しています。特に縫製業を中心とする軽工業でミャンマーへの投資を積極的に行っています（電力不足の問題により重工業の操業は現実的でないという背景もありますが）。ミャンマー市場への進出では中国・韓国が先行していますが日本も確実に投資案件を増やしています。

テイン・セイン政権は電力などの基礎的な産業インフラの整備と法制度の見直しを進め、積極的に外国企業の投資を呼び込もうとしています。現時点では必ずしも進出しやすい環境ではないかもしれませんが、進出する企業の裾野は確実に広がっています。

第四章 中国に代わるミャンマー経済の強み

豊富な天然資源から成り立つミャンマー経済

ミャンマーと言えば、その昔、東南アジアでも最も栄えた国の一つでした。しかし米欧による経済制裁によって、世界の経済成長から取り残されました。そんなミャンマーを横目に周辺国は経済成長を続けました。1980年代にはミャンマーと同程度のGDPだったベトナムは今や押しも押されもせぬASEANの成長株。現在のベトナムのGDPはミャンマーのおよそ2倍。大きく水をあけられてしまいました。

そんなミャンマー経済ですが、近年は着実に成長を続けています。2012年のGDP成長率は6・3%、過去3年のGDPの平均成長率は5%を超えています（アジア開発銀行調べ）。

ミャンマーは自然資源が豊富で錫やタングステンなどの鉱物や宝石類が採れます。なかでも天然ガスはASEAN諸国でインドネシア、マレーシアに次ぐ埋蔵量を誇り、この天然ガスの輸出がミャンマーの好調な経済成長を下支えしています。

2011年度の総輸出約91億ドルのうち4割近くを天然ガスが占め、その輸出量のほぼすべてがヤンゴンの南にあるアンダマン海底を通るパイプラインを通じて隣国タイへと輸出されています。加えてラカイン州のチャオピューと中国雲南省を繋ぐパイプラインが完成すれば中国への輸出も実現します。

さらに輸出品目を見てみると豆類（10・8％）、縫製品（5・4％）の順に続きます。輸出額2位の豆類に代表されるようにミャンマーの主要産業は農業です。国民の8割が農業従事者だと言われています。1年中温暖で雨量も豊富な気候が豊かな作物の生産に適しているのです。国土は南北に長く、それぞれ地域の特性を活かした農作物の生産が行われています。例えば中部のマンダレーでは米や緑豆の二毛作。東部のシャン州では大豆、緑豆、日本の寿司チェーンで使われるガリの原材料となるショウガが作られています。また仏教遺跡でも有名なバガンはアジア最大の酪農地帯で年間140万トンもの乳製品を製造しています。

主要な農産物は米、豆類、ゴマです。ミャンマーの人々も米を主食としています。日本のように米を炊いて食べますし、麺に加工しての消費も一般的です。2011年の米の生産量は3280万トンで、ASEANではインドネシア、ベトナム、タイに次いで第4位、世界では第7位を誇ります。アフリカ、インドネシア、フィリピンへの輸出で外貨を獲得しています。さらにゴマの生産量86万トンは世界第1位です。

海岸線が長く、豊かな漁場となる大陸棚もあるミャンマーでは、水産業も盛んです。魚類・エビは約4・5億米ドル（2011年／輸出総額の5％程度）がタイやインド、中国に輸出されています。日本にも輸出されており、冷凍食品や寿司チェーンのネタとして利用されています。ミャンマーと言うと遠い国のようなイメージがありますが、知らず知らずのうちに皆さんもミャンマーの食材を口にしているかもしれません。

豊富な水産資源を求めて、食品加工・製造工場を検討する企業が増えています。ミャンマー国内に加工・製造工場を設立するケースだけではなく、国境を接するタイに加工拠点を設けて、ミャンマーから輸入した水産物をタイで加工するというケースもあります。

このように豊富な自然資源によってミャンマーの経済は成り立っているのです。GDPの数値だけで判断すると貧しい国に見えますが、例えばアフリカのように食料に困るということはありません。むしろ食料自給率は100％を超えているほどです。「うしろに手を伸ばせばバナナが採れる」と言われるほどのミャンマーは徐々に農業国から工業国へと変わろうとしています。

チャイナリスク軽減策としてのミャンマー

こうした経済状況にあるミャンマーが各国から注目されているのには次のいくつかの理由があります。

・安価な労働力
・地理的優位性
・豊富な自然資源
・消費市場としての魅力

ミャンマーへの注目理由の最たるものが労働力の安さです。特に日系の製造業など労働集約的な産業を引き付けています。というのも、これまで生産拠点の中心であった中国の事業環境が悪化しているからです。

2000年代初頭、12億人を超える人口を抱える中国は地方からの出稼ぎ労働者を中心に安価な労働力を大量に供給し、世界の工場としての地位を確立していきました。1990年代、日本企業はタイやマレーシアといった東南アジア地域への生産拠点設立を進めていました。しかし、1997年にタイ・バーツの暴落をきっかけとしたアジア通貨危機が起こり、次なる生産拠点を模索していた時期でもあったのです。日系企業の中国進出は進み、それと同時に中国経済も上向き、中国を世界第2位の経済大国にまで押し上げました。

しかし、ここへ来て中国での事業環境が悪化してきました。

まず、中国の強みであった労働者賃金の高騰です。中国人の平均月収は過去10年で4倍以上に、労働者の平均月収は2000年の147ドルから366ドル（2012年）へと2倍以上に増大しているのです。これに加え、労働者の確保もより困難になってきています。というのも30年以上にわたる一人っ子政策の結果として若年層が減少しているからです。2012年にはついに15歳～64歳の生産年齢人口が減少に転じました。

さらに国民レベルで根深く残る反日感情があります。2012年9月、尖閣諸島を巡る領土問題から中国全土で起きた反日デモは記憶に新しいでしょう。大規模デモからすでに1年近くが経過しましたが、未だに日本製品の不買など「日貨排斥」の気運は残っています。

こうした人件費の高騰や労働者確保の難しさ、反日デモによる突発的な生産体制の停止など、中国の抱えるリスクが顕在化してきています。その結果、中国に工場を持つ企業は即時撤退とはいかないまでも、中国への生産拠点の一極集中に伴うリスク軽減のために、新たな拠点を探し始めているのです。

ミャンマーの安価な労働力

ミャンマーの一般ワーカーの賃金は月70ドルほどです。これは、中国の約5分の1、ベトナムの約2分の1の水準です。ただし、国内通貨チャットの上昇やヤンゴンなどの都市近郊を中心としたワーカー不足によって、平均賃金が80ドルを超える地域も出始めています。家族と一緒の生まれた土地での生活を好むミャンマーでは自宅から通えない距離まで人を連れてくるというのは容易ではありません。したがって、6100万人の人口があっても、実際に自社で働いてもらえる人材はと言うと、その母数は限定的であることを忘れてはいけません。民政移管後の企業の進出増およびそれに伴う人材需要の増加は今後も継続すると見られています。したがって、人件費の高騰は不可避ですし、人材確保もより困難になっていくでしょう。しかしそれでも、中国と比べれば十分に競争力のある環境なのです。

ミャンマーの労働者確保の難しさの要因の一つには海外への出稼ぎ労働者の存在が挙げられます。安価な賃金の国内に留まらず、高い給料を求めて、タイやマレーシアなどの近隣諸国へ出稼ぎに行くミャンマー人が多く、その数は年間100万人にも上ると言われています。それもそのはず、国境を越えてしまえば、同じ肉体労働であっても数倍の給与を得ることができるからです。彼らは各国の飲食店などで働き、本国の家族へ仕送りします。給与の3分の2もの額を本国に送る人も少なくありません。日本にも数千人のミャンマー人が出稼ぎに来ています。私も東京のファストフード店でミャンマー人の女性に接客をしてもらったことがあります。何気なくネームプレートに目をやったところ、ミャンマーの女性とおぼしき名前を見かけました。

まじめなミャンマー人労働者は各国でも重宝されているようです。しかし、必ずしも良好な環境で働けてはいません。例えば、タイの魚網メーカーでは、最低賃金が支払われず、労働の環境改善を求める従業員によって、大規模なストライキが発生しています。

ミャンマーの人々の特徴として読み・書き・そろばんといった基礎的な教養を身につけている人が多いということがあります。これはたとえ貧しくて学校に行けない子どもでも、僧院が寺子屋のような機能を果たし、最低限の読み・書き・そろばんを子どもたちに教えているからです。

ミャンマーを訪れ現地の人々と接していると彼・彼女らの微笑みや気遣いに感動することがあります。他のアジアの国々のような強引さや、狡猾さがありません。これまで外国人と接する機会が少なく擦れていないということもありますが、敬虔な仏教徒であるミャンマーの人々からは多くの場合、穏やかでとても親切な印象を受けます。

しかし、これが仕事となると時に逆効果になります。第二章でも述べましたが、ミャンマーの人々は、頼まれたことに対して、「知らない」「できない」と言うことをためらう傾向にあります。そのため、できないことでも、つい「イエス」と答えてしまいます。従業員を疑えというわけではありませんが、ミャンマーの人々の「イエス」を真に受けず、マメに状況を確認することが重要です。

ミャンマーに限らず、アジア一般に言われることですが、人々の自尊心が高いのが特徴です。仕事では特に叱り方について注意が必要です。同僚や後輩の前、他人の目の前で叱ることは避けましょう。

またアジア各国同様、急な転職・退職などによる高い離職率の問題は、ミャンマーでも頻発します。彼・彼女らは組織よりも個人との関係で仕事を選ぶ傾向にあります。したがって、仕事の話だけではなくプライベートの相談にも乗るなどして、家族的な信頼関係を築くことが従業員定着のポイントです。

中国の「真珠の首飾り」戦略

ミャンマーは地理的な優位性もその魅力の一つです。

地図上でミャンマーの位置を確認してみてください。ASEAN、特に陸のASEANと呼ばれるメコン川流域の国々の西端に位置しています。海岸線はベンガル湾と接し、その向こうには中国と並ぶ大国インドを捉えることができます。

また陸のASEANを横断する二つの物流ルート、東西経済回廊（ベトナムのダナンからモーラミャインを繋ぐ）と南部経済回廊（ベトナムのホーチミン、タイのバンコク、ダウェーを繋ぐ）の西の起点でもあります。ASEAN地域に生産や販売の拠点を持つ企業にとって、ASEAN全土はもちろんのこと、その先のインドや中東までも視野に入れることができるのです。

さらに産業面での地理的優位性だけでなく、外交上の理由でもミャンマーの位置には意味があります。シーレーンという言葉をご存じでしょうか。「国の通商上・戦略上の重要性が高く、何か起こった時には国を挙げて守らねばならない海上交通路」のことを言います。

かつて米欧による経済制裁下のミャンマーに積極的に接近していたのは中国です。中国はミャンマーを取り込むことで、ASEAN圏やインドなどの南アジアでの力を強めたいと考えていたのでした。事実、ミャンマーは石油をはじめとするエネルギー資源の物流ルートの要所に位置しています。ミャンマーとの関係構築、ひいてはシーレーンを押さえることは、エネルギー資源の安定的な確保に繋がります。

中国はベンガル湾を囲む物流の要所を押さえることで、次の2点を目指しています。
①米国や日本へのエネルギー供給路となる、シーレーンを押さえる。
②東の南シナ海と西のインド洋からASEAN諸国を包囲する。
これが前述した「真珠の首飾り」戦略です。南シナ海に浮かぶ南沙諸島を巡る中国とASEAN諸国の争議も、台頭するASEAN市場における覇権を巡る思惑のぶつかり合いです。

米欧のミャンマーへの態度の軟化は民主化への評価とともに、こうした戦略を進めアジアでの存在感を高める中国への牽制の意味も多分に含まれているのです。

意外に宝石が採れる国

すでに触れましたがミャンマー経済を牽引する天然ガスに代表されるように、ミャンマーには地下資源などの自然資源が豊富にあります。具体的には天然ガス、チーク材などの木材、サファイヤ、ルビー、ヒスイなどの宝石類、米・ゴマなどの農産物や海産物です。

ミャンマーで宝石？　と思う方もいらっしゃるかもしれませんが、世界のルビーの90%、ヒスイの70%はミャンマー産と言われるほどミャンマーで多くの宝石が採掘されているのです。かつてはこの宝石の闇取引で軍事政権は外貨を獲得していたとも言われています。

ミャンマーを訪れればもちろん個人で宝石を手に入れることができます。ヤンゴンの街には「GEMS（宝石）」と看板を掲げた店をいくつも見かけるでしょう。街中の商店でも宝石を取り扱っています。なかには偽物もあるようなので、購入の際には十分注意が必要ではありますが。

コカ・コーラが60年ぶりに生産再開

これまでは主に生産拠点としてのミャンマーについて取り上げてきましたが、ミャンマーの魅力はそれだけではありません。6100万人の人口と今後予想される消費を牽引する中間層の増加を見据え、ASEANの次なる消費市場としての期待も高まっているのです。

２０１２年時点でミャンマーの人口はＡＳＥＡＮ10カ国の人口の10％を占めています。経済を牽引する生産年齢の人口は全人口の90％を超えています。

現在の一人当たりＧＤＰは８３５ドル（２０１２年）でＡＳＥＡＮ加盟国中では最も低いミャンマーですが、前述した通り経済は過去３年で平均５％を超える成長を続けています。こうしたことから、将来の一大消費市場としてミャンマーのポテンシャルにかける企業も出始めています。

例えば前述したコカ・コーラ社。米国による経済制裁解除後すぐに現地での生産開始に向けて動き出し、２０１３年６月に約60年ぶりとなる現地生産が開始されました。

日系企業ではコンビニエンスストア大手のローソンがミャンマーでの事業展開を表明しています。現地の小売業者と協力し３年間で１００店規模の展開を計画していると言います。またスズキは２０１０年に中止していた四輪車の現地生産を２０１３年５月に再開しています。製造業以外にも広告代理店大手のアサツーディ・ケイ社が現地法人の設立を決めるなど進出企業も少しずつ多様になってきています。

現時点でミャンマーの消費市場が企業の収益源となるかと言うとまだまだその購買力

は小さいのが現状です。しかし、各国企業は将来的なポテンシャルを見越して、早くから市場に参入しそのプレゼンスを高めるための手を打ち始めています。

米欧に追随してきた日本企業の多くは、経済制裁下のミャンマーへの進出になかなか踏み出せていませんでした。そんな日本企業を横目に、中国や韓国の企業は、ミャンマーにいち早く進出してきました。街中には中国や韓国企業の広告が立ち並び、衛星放送では中国や韓国のテレビドラマが放映され、人々の生活に大きな影響を与えています。最近ヤンゴン市内に初めて設置された大型テレビモニターは、サムスン製のものです。携帯電話の価格が一気に下がったヤンゴンではサムスンの携帯電話の専門ショップも登場しています。また飲食店ではロッテリアも1号店をすでに出店しています。

経済制裁を行っていた米欧資本の商品も、実はかなり流通しています。急速に変わりつつあるミャンマーとそれを取り巻く各国。その動きに出遅れることなく、日本もこのポテンシャルの高い市場に踏み出す時が来ています。

こうして外資系企業が次々と参入してくる中、ミャンマーの人々の生活スタイルも徐々に変わりつつあります。ヤンゴンの街を車で走ると中間・富裕層向けの看板が多く目につきます。また街中にはスーパーマーケットや大型のショッピングセンターが開業し始めており、従来の屋台や市場での消費スタイルが変わってきていることが分かります。

親日的な国民性

第二次世界大戦を生きた世代は「日本＝ビルマに攻め込んだ軍隊」というイメージを強く持っています。ミャンマーには「キンペイタイン（憲兵隊）」という言葉が残っているほど、かつての日本軍が人々に与えた影響は大きかったのです。日本の占領下で育った人の中には今でも日本の軍歌を歌える人もいます。

しかし、それでもミャンマーの人々が親日的でいてくれるのは、かつて独立を指揮した英雄アウン・サン将軍と日本軍との関係や、１９５４年の平和条約締結以降、日本が行ってきた多額の賠償金・援助（約１８６５億円）に対して敬意を払ってくれているからです。こうした親日的な国民感情は日系企業がミャンマーに事業を展開するにあたっては強力な追い風になるはずです。

先に日本企業が出遅れていると書きましたが、ビジネスのパートナーとして日本と仕事をしたいと言ってくれる人が少なからずいます。家族的な付き合いを重んじるミャンマーの人にとって社員を家族と考える日本人らしい経営スタイルはぴったりだと言うのです。ミャンマー市場で先手を取った中国や韓国では雇用主と労働者という意識が明確で、時に社員への対応が高圧的になるなど、気持ちのよいものではないことも多いそうです（もちろんすべての企業、すべての人がそうだと言っているわけではありません）。せっかく働くのだから、生き生き・伸び伸びと働きたいと思うのは万国共通です。

逆にミャンマーの人々の穏やかな性格やその優しさに惚れ込んでしまう日本人も数多くいます。映画「ビルマの竪琴」で描かれているように、旧日本軍は当時のビルマでも陰惨な戦いを繰り広げました。ビルマの密林の中で苦しんだ日本兵の中には現地の人々が手を差し伸べてくれたおかげで九死に一生を得たという方もいらっしゃいます。そういった方々はその時の感謝の気持ちを忘れず、彼の地で命を落とした戦友の参拝も兼ねて、折に触れてミャンマーを訪れておられます。

戦時中のエピソードだけでなく、個人で訪れてミャンマーの魅力に捉えられた人、事業を進める中でミャンマーにのめり込んでしまった人がいます。ビルマの魅力にはまってしまった人として「ビルキチ」などと言う言葉もあるぐらいです。

物理的な距離はありますが、ミャンマーと日本の間には歴史的・文化的に、また精神性の部分でも通ずるところがあると私は強く感じています。

第五章　新聞ではわからないミャンマー経済の未来

経済成長の裏に残る民族・宗教問題

２０１３年5月、日本国首相として36年ぶりにミャンマーを訪れた安倍晋三首相はテイン・セイン大統領と会談し、ミャンマーの経済成長への支援を約束しました。具体的には企業の進出の障壁にもなっている電力不足の解消に向けて、２０３０年までに同国全土の電力開発の基本計画の立案や、ミャンマーに対する債権５０００億円の全額返済免除、１０００億円規模の政府開発援助（ＯＤＡ）などを表明しました。

また、安倍首相の訪問と同時に日系企業・団体約40社の代表がミャンマーを訪問しています。現地では安倍首相を筆頭に両国の経済関係者約５４０名が出席したセミナーが開催され、ミャンマーの発展に向けた日本企業への期待や、日本企業ができる協力について意見が交わされています。

国民レベルでの良好な関係を基盤に、新たなスタートを切ったこの国に日本政府・民間企業が一丸となって支援・協働を続けることで、日本の巻き返しが見られることを期待しています。

しかし、未だにミャンマー国内には解決すべき問題が残っていることも忘れてはいけません。

国内の民族問題、宗教間の争いもその一つです。

２０１２年６月、ミャンマー西部のラカイン州で仏教徒とイスラム教徒の衝突が起きました。イスラム教徒であるロヒンギャ族の若者による仏教徒の女性への暴行がきっかけとされています。報復として仏教徒はロヒンギャ族の乗ったバスを襲撃し10人を殺害。これを受けロヒンギャ族は仏教徒の村を次々と襲撃し住宅や店舗に放火、７人を殺害しました。テイン・セイン政権は発足後初の非常事態を宣言。軍隊が出動し厳戒態勢を敷く事態にまで発展しました。

さらに２０１３年３月、ミャンマー中部マンダレーのメティラで仏教徒とイスラム教徒の衝突が起きました。きっかけは商店でのいさかいでした。店主のイスラム教徒と客の仏教徒が口論の末に殴り合いに。そして両宗教を巻き込んだ報復の応酬へと発展したのです。政府は夜間の外出を禁止するほど緊迫した状態が続き、一連の騒動で40人もの人が亡くなりました。そして数千人規模の難民が発生しました。

前述したロヒンギャ族の人々はミャンマー国内に約80万人が暮らしています。しかし、彼らはミャンマーでは市民権を持たない「無国籍者」として扱われています。ミャンマー政府はバングラデシュからの不法移民だと主張。軍事政権時代から不当な扱いを続けてきました。一方のバングラデシュでもロヒンギャ族は受け入れられず、難民として逃れてきた人々はミャンマー側から再び追い返され、あるいは国境付近の難民キャンプでの生活を余儀なくされています。さらに過去にはタイにボートで逃げ込んだ人々が受け入れを拒否されたばかりか、あろうことか暴力を加えられた上、十分な水・食料がない状態で再び海上に戻されるという痛ましい事件も起きています。

ミャンマーは多民族国家です。約70％がビルマ族で135もの少数民族が暮らしています。宗教で見ると約90％が仏教徒、キリスト教徒やイスラム教徒は少数派です。

ミャンマーのイスラム教徒の多くはイギリス統治時代にインドから渡ってきた人たちです。イギリスはインドの人々を介した間接統治を行っていました。そのため、ミャンマーの人々（少なくとも当時の人々）はインド系の人たちにあまりいい感情を持っていなかったと言います。とはいえ、ミャンマーでは普段から仏教徒とイスラム教徒がいがみ合い、互いに攻撃し合っているかというとそうではありません。同じ地域に暮らし、少なくとも表面上は穏やかに暮らしている人々がほとんどです。衝突が起きたメティラの街でも同様でした。それぞれ個人の付き合いの中ではいがみ合うことなく暮らしていますが、一度火がつくと、個人を超えた次元の問題へと発展してしまうのかもしれません。

正直なところ、民族問題、宗教問題は民族の多様性に乏しい日本に暮らしていると実感が湧きにくい問題ではないでしょうか。隣人同士が互いの命を奪うほどの怒りは一体どこから来るのかと首を傾げてしまうかもしれません。歴史をひも解くとその理由の一端を推測することができる気がしますが、長年にわたって積み重なってきたその土地の人々が互いに抱く感情は外国人が理解できるものではないのでしょう。そしてこの問題はその根深さ故に、民政移管したからといってそうやすやすと解決できるようなものではありません。

本項で触れた内容はあまり日本には伝わってきませんが、アジアのラストフロンティアとその輝かしい部分にスポットがあたるその裏で、今もなお明日の暮らしすら保障されない人々がいることもミャンマーの一つの側面として覚えておくべきでしょう。

新政権が目標とする5カ年計画の中身

テイン・セイン大統領は就任後、矢継ぎ早に民主化施策を打ち出してきました。具体的には、民主化運動以来の政治犯の釈放、メディアの自由化、少数民族との停戦、NLDの参加を認めた議会選挙の実施などです。この着実な民主化の動きが、当初ミャンマーの改革に懐疑的だった米欧の態度を軟化させ、ついには経済制裁の緩和を引き出しました。

民主化施策だけでなく産業基盤の改革にも乗り出しました。為替の公定レートを廃止し、実勢レートに一本化した外国為替制度の変革や、外国投資法の見直しなどです。

こうして軍事政権時代の経済成長の遅れを取り戻す準備を着実に進めてきたのです。

大統領は2012年6月、経済分野にかかる政府の施政方針演説の冒頭で次のように述べ、就任1年目の成果を強調するとともに、さらなる改革の意思を表明しています。

「1年目は政治改革と国内和平に向けた取り組みを迅速に進めてきた。今後は改革の第

2段階である。経済発展と国民生活の向上に取り組みたい」

そして、2011年～2015年の5カ年計画の目標を発表しました。主な内容は次の通りです。
・一人当たりGDP：1・7倍に。可能な限り3倍を目指したい
・GDP年平均成長率：7・7%
〈産業別GDP内訳〉
－農業：36・4%から29・2%に引き下げ
－工業：26・0%から32・1%に引き上げ
－サービス分野：37・6%から38・7%に引き上げ
・貧困率：26%から16%に引き下げ
・電力普及率：25%から75%へ引き上げ

一人当たりGDPの3倍がどの程度の数字かというと現在のフィリピンと同じ程度の

経済規模です。日本のGDPの推移と比較してみると現時点のミャンマーは日本の1960年代、高度経済成長の黎明期に相当します。さらに2015年に政府目標の3倍を達成したとすると、大阪万博で日本中が沸いた1970年代に相当します。あくまで目安ですので、ミャンマーが日本の1970年頃の社会になると言いたいわけではありません。しかし経済指標で見ると日本の10年分に相当する目標を掲げているということです。ミャンマー政府の並々ならぬ意気込みを感じます。

またGDPの産業別の目標を見ると、農業国から工業国への変革の意図が見て取れます。国民の8割が従事する農業はまだまだ伝統的な農法が一般的です。気候に恵まれ肥沃な土地であるため、それでも十分な生産量が確保できていますが、近代的な農法を取り入れることにより、一層の効率化を図る狙いです。そして余剰人員を進出の続く外資を中心とした工業分野に振り向け、産業の育成に力を注いでいくのです。

さらに2013年6月に首都ネピドーで開催された世界経済フォーラム東アジア会議では近年増加を続ける観光分野を主要産業の一つと捉え2020年までに現在の7倍となる750万人の観光客を誘致し、1兆円産業を目指す方針を打ち出しました。

ミャンマー経済の柱である天然ガス輸出については、従来のタイや中国への輸出偏重ではなく国内供給を重視すると方針の転換を明言しています。

日本を含め各国の企業や投資家がミャンマーを訪れていますが、現状はヤンゴンやマンダレーなど都市の開発がほとんどです。国民の7割は日本の約1・8倍ある国土に広く分散しています。ヤンゴンなどの都市の開発による経済効果の地方への波及を、観光やエネルギーの分野で実現したいという狙いなのでしょう。

こうしたミャンマーの改革実現にはすでに何度も述べてきたように、電力・輸送・通信などのインフラや、土地・海外送金の取り扱いなど金融インフラの整備、国内の少数民族の問題など課題が山積みです。課題解決を進め工業化を進め経済成長を進めていくためには、セイン政権のリーダーシップはもちろんのこと、外国からの技術や資金援助が不可欠です。

外国政府や企業にとってもミャンマーへの進出・支援は、ビジネス視点においても国家の安全保障上の観点でも重要であることもすでに述べました。

ミャンマーの経済成長意欲と外国の思惑が合致していると言えます。

2015年の総選挙とASEAN経済共同体

そして、ミャンマーの今後を占う一つのマイルストーンになるのが2015年です。2015年はミャンマー国内外で大きな変化が予想されるからです。

まずミャンマー国内では総選挙が予定されており、スー・チーさん率いるNLDの国政参加が争点になっています。現政権としては、次期総選挙までに一定の成果を出し、国民の評価を得たいはずです。

さらにASEAN経済共同体が発足します。これにより、ASEAN地域の関税がほぼ撤廃されます。またASEANと中国の間で結ばれた自由貿易協定によりASEAN－中国間の関税もほぼ全品目に対して撤廃されます。ASEAN＋中国の巨大マーケットにおいてヒト・モノ・カネの往来が自由化されるのです。現在は関税により守られているミャンマー市場が自由競争にさらされるのです。それまでに競争力をつけておかなければ、周辺国にとってミャンマーは自然資源や安価な労働力の都合のよい調達先になってしまうかもしれません。あるいは今でも多い海外への出稼ぎに拍車がかかり、ミャンマー国内に働き手が残らなくなるかもしれません。

このようにミャンマーの変革は内部要因だけでなく、国際社会という外部要因も手伝い、いよいよ待ったなしの状態なのです。これまでのミャンマー政府の動きを見るにつけ、とにかくやると言ったことはなんとしてでも実現していくのではないかと思います。

本当にラストフロンティアか

民政移管後、市場開放を急進するミャンマーには教育レベルの高い人材とその人件費の安さ、6100万人の消費市場、手つかずの豊富な天然資源などを求めて各国からの投資が集まっています。なかでも他国と比べて安価な労働力が労働集約的な産業をミャンマーに引き付けています。

具体的に近隣の国々の人件費を比べてみると、中国の工場労働者の1カ月賃金が約366ドル、チャイナプラスワンの筆頭ベトナムはその半分弱の150ドル。そして、ミャンマーではさらにその半分の約70ドルです。この人件費の優位性に目をつけたのが縫製業や製造業などの労働集約的な産業です。その背景には中国やベトナムなどの従来の製造拠点の人件費の高騰がありました。

例えばベトナムでは２００６年〜２０１０年の平均賃金上昇率は26・8％であり、さらに今後もこの傾向は続くと考えられています。

こうした既存の生産拠点の人件費高騰が、製造原価のうち人件費の占める割合が大きい産業をしてミャンマーを「アジアのラストフロンティア」と言わしめているのです。

しかし、ミャンマーでの事業展開は他国と比べて低コストですむと思うのは実は大きな間違いです。事業展開にかかる人件費以外のコストに目を向けると、ラストフロンティア・ミャンマーの姿がまるで蜃気楼のように霞んでしまうのです。ミャンマー進出の際には、人件費だけではなくその他の隠れたコストを見誤らないようにしなければいけません。この隠れたコストの中で事業推進者の頭を悩ませるのが電力コストと不動産コストです。

ボトルネックは電力不足

ミャンマーへの進出を検討し現地を視察に訪れる企業は引きも切らない状態ですが、進出のボトルネックとなるのが、電力不足の問題です。

ミャンマーの電力はその大部分を水力発電によって賄われています。そのため水量が豊富な雨期はまだよいのですが、乾期になると電気供給が不足し、停電が頻発します。さらに国内の配電・送電などの電力設備は老朽化が進んでおり、送電時のロスも少なくありません。

現状、電気は政府機関などの都市機能が集中している中心部に優先的に送られるため、郊外にある工業用地の電力不足は深刻です。乾期の終わりになると、1日に数時間電気が来ればよい方で、ひどい時には1週間全く電気が来ないこともあります。

現在のミャンマーで24時間365日の安定した電気供給を期待するのは残念ながら現実的ではありません。現地に進出している工場などでは自ら発電機を設置し、電力不足に備えているのが現状です。

5月にヤンゴン近郊の縫製工場を訪問させていただいたことがあります。ミャンマーの5月は乾期が終わりを迎える頃、1年のうちで最も雨量の少ない時期です。なんとその工場では過去2週間に全く電気の供給がなく、すべて自前の発電機で工場の電力を賄っているということでした。また、800人の工員を抱える他の工場では、1カ月の従業員全員の人件費とその月の自家発電の運用費用が同規模だったと言います。

　このような電気供給状況のため、重工業などの大量の電力の安定供給が前提となる事業の進出のハードルは高いと言わざるを得ません。現にミャンマーで稼働している工場の多くが縫製業などの使用電力が少なく、機械ではなく人手でモノを作り上げる業態なのです。

　ただ、ミャンマーの電気事情は進出のハードルであることに間違いありませんが、現に操業している工場がある以上、電力不足＝事業展開不可能ということにはならないでしょう。具体的に自社工場の稼働には何にどのくらい電力が必要なのかを明確にすることで、それをカバーする方法を考えることが重要なのかもしれません。

高騰する不動産賃料の深刻さ

　ミャンマーを訪問すると痛感するのはホテルの宿泊代金の高さです。決して新しいとは言えないホテルが日本円にして1万円はくだりません。1泊2万円や3万円といったホテルも珍しくありません。急激に増えるミャンマー訪問者に対して、ホテルの供給が全く追いついていないことが原因です。２０１１年から２０１２年の間だけでも前年と比べて2倍以上も訪問者数が増えているのです。

これは旅行者や短期出張者向けのホテルに限った話ではありません。駐在員の住居や工場の賃料も目に見えて高騰しています。ホテルと同じく急増する各国企業の需要にサービスアパートメントやオフィス物件の供給が追いつかず不動産価格が高騰、過去2年で数倍に跳ね上がっています。

例えばヤンゴンで外国人駐在員の住居としてよく利用されるサービスアパートメント「サクラレジデンス」の１ＬＤＫ（30㎡）の1カ月の家賃はなんと５３００ドル（２０１３年5月現在）です。４０００ドル程度の物件が最も一般的だとか。ベトナムはおろか、東京の一等地よりも高いのではないかと思われるほどです。さらに、このような価格にもかかわらず、サービスアパートメントはすべて満室。入居待ちが１００件にも及んでいます。住宅やオフィス物件の新たな建設は各地で始まっていますが、需要に供給が追いつくにはあと2年はかかると言われており、家賃は今後2年間でさらに20％は上昇するのではとも言われているのです。

しかもミャンマーの商習慣が初期コストを押し上げます。というのも、ミャンマーでは賃貸契約時に1年間の家賃を前払いしなければならないのです。可能な限り固定費を削減するために住居とオフィスを兼用で利用して対応している人も少なくありません。最近では、家賃を1カ月ごとに支払うことのできるサービスオフィスも登場し始めています。

このような不動産バブルでとみに財を成したミャンマー人もいるようです。だったらミャンマーの不動産投資で儲けようか、と考える方もいらっしゃると思います。しかし現状では外国人には土地の取得が認められていません。ミャンマー人でさえ、60年間の土地のリース権を取得できるのみなのです。ミャンマーの土地はそのほとんどが政府所有のもので、農業専用地とそれ以外に分けられます。ミャンマーで日本人が土地を購入したということを耳にすることがあるかもしれませんが、それは現地パートナーが土地のリース権を手に入れたということです。

不動産の取得については現在国会で議論されている「コンドミニアム法」の改正によって、状況は変わるかもしれません。

このコンドミニアム法は7階建て以上の建物(「コンドミニアム」の定義は不明)について、外国人の直接購入を可能にする法案です。この法案が可決されれば外国人もコンドミニアムに限ってですが、不動産への直接投資ができるようになるのではと期待されています。すでに法改正を見越して実質的な物件販売が始まっています。ミャンマー人名義で物件を取得しておき、法改正がなされた暁には名義変更を約束する、というものです。ただし、法案可決も確定的ではない上、対象物件の定義も不明確なため見極めが重要です。

電力・不動産ともにミャンマーで事業を行う上で避けては通れない問題です。ただ、そんな環境でも事業展開に取り組んでいる企業は次々と増えています。今まさに経済成長のスタートを切ったこの国での事業展開に過度に臆病にならず、また過度に楽観視することなく、冷静に事業の計画を立て、大胆に行動することが重要なのではないでしょうか。

上質な労働者の確保が事業成功のカギ

進出にかかるコストの観点でミャンマーを見てきましたが、やはり事業成功のカギはなんといっても共に働く人々です。

ミャンマーの労働市場の魅力は他国よりも安価な人件費だけではありません。人々の基礎教育レベルの高さも魅力の一つです。90％を超える識字率は他の東南アジアの国々よりもはるかに高い水準です。また親日的な人が多く、日本への留学経験がある人も少なくありません。

加えて日本語の習得スピードの速さもミャンマーの人材の特徴です。ビルマ語と日本語の文法に相似性があるため、特に聞く・話すということに関して習得が早いと言われています。ミャンマーを訪れると、日本への留学経験がないにもかかわらず、とても流暢に日本語を話す人に出会って驚かされることがあります。流暢に日本語を操る人にどうしてそんなに日本語が上手なのですかと聞いてみると、決まって、「ビルマ語と日本語は似ていますから」と答えが返ってきます。もちろんご本人たちの不断なる努力が裏にはあると思いますが、学習しやすいという実感を持たれている人が多いのは事実のようです。

このように日本語学習者の平均レベルの高さはミャンマーへ進出する日本企業にとって大きな魅力です。私自身もベトナムで事業を展開していますが、共通語として英語があるとはいえ、母国語でのコミュニケーションはやはり効率がよく、現地担当者の負担減に繋がると実感しています。

ミャンマー人は読み・書き・そろばんの基本的レベルが高いのが特徴ですが、仕事の進め方やビジネスマナーについては忍耐強く伝えていく必要があります。新興国への事業展開でよくある失敗談として、事業担当者が事業が思うように進まない理由を現地従業員のせいにしてしまう、ということがあります。日本の考え方、仕事の進め方をそのまま進出先に持ち込んでも、すぐには浸透しません。日本ならば一度言えば伝わることが、10回伝えても分かってもらえないことも少なくありません。ただそこで、「だから○○人はだめだ」と切り捨ててしまっては事態は好転しません。10回でだめなら100回、100回でだめなら伝わるまでという覚悟が不可欠です。ミャンマーをはじめ、東南アジアの新興国は今まさに、外国企業との協業を通じてグローバルスタンダードな働き方やマナーを学び始めているところです。長らくその地に根付いていた常識や慣習はそうやすやすとは変えられません。そのことを理解した上で、現地でのマネジメントや教育には忍耐力を持って取り組む必要があるのではないでしょうか。

ミャンマーでの人材確保上の問題としてマネージャー層や熟練工の不足が挙げられます。なんといってもミャンマーは民政移管後わずか2、3年です。これまでの国内企業の規模や業務量が急増し、従来の働き方やマネジメントのやり方を大きく変革しなければならない時期に来ています。ミャンマーは政府から民間レベルまで、まさに今グローバル社会の海に飛び込んだところなのです。

とはいえミャンマーでの事業をスピード感を持って展開していくには、人が育つのを悠長に待っている時間はありません。例えば、すでに進出している日系企業は大きく二つの方法で対応しています。一つは日本やタイなどの既存の拠点で一定期間教育し、ミャンマーにまた戻すという方法。もう一つは既存の拠点からマネージャーを派遣し、現地で教育を続けるという方法です。東南アジアの他国での進出や拠点立ち上げ経験の蓄積のある企業はその経験を強みとしてミャンマーでの事業展開に活用しているようです。

急速な人材需要に対して、人材市場の供給が追いつかなくなってきています。企業にとって優秀な人材の獲得競争がこれからますます激化していくことでしょう。

進む金融インフラ整備

金融インフラもさらなる整備が待たれるものの一つです。

かつて軍政下のミャンマーでは米欧の経済制裁以外にも外国企業が事業を行う上での大きなハードルがありました。二重為替レートの存在です。ミャンマーでは公定レートと経済の実態に即した実勢レートの二重の為替レートが長年にわたって使われていました。

かつて公定レートと実勢レートには100倍〜150倍もの差がありました。例えば、1米ドル＝5・5チャットに対して、実勢レートは1米ドル＝860チャットというように驚くほどの差がついていたのです。

この結果何が起こるかというと、ミャンマーに外国から商品を輸入・販売しようとした場合、商品の仕入れ値には公定レートが適用されます。一方、国内での販売価格には実勢レートが適用されます。こうして実際よりもはるかに高い利益を計上することになり、課税対象額が跳ね上がってしまったのです。

この二重為替の問題が解消されたのは2012年4月のことでした。管理変動相場制が導入され、公定レートが実勢レートに一本化されたのです。

さらに海外送金の制限も事業活動の大きな妨げとなっていました。民政移管前はミャンマー国内で得た利益を海外に送金することができず、国内に再投資するしかありませんでした。また外国人がミャンマー国内で金融機関を通じてお金を引き出したりすることもできませんでした。そこで、現地駐在員は大量のドルを手荷物で持ち込んでいたのです。

現在では、国外からミャンマーへ、またミャンマーから国外へのドル送金が可能になってきています。

2012年、三井住友銀行とミャンマー最大手のカンボーザ銀行（KBZ Bank）が提携。両行に口座があればドル送金が可能になりました。しかし、送金先が米国である場合などは送金許可が下りない場合もあるなど、必ずしも完全に自由化されたわけではありません。

また、外国人もATMで現地通貨チャットの引き出しができるようになりました。マスターカードやVISAカード対応のATMがヤンゴンやネピドーなど大都市に設置されています。このように着実な変化が見られる金融インフラですが、タイやベトナムなどの周辺国と同程度になるにはもう少し時間がかかりそうです。

そもそもミャンマーでは商習慣として、口座間取引などの習慣がありませんでした。商いはあくまで現金決済で行われてきたのです。今日でも、大量の札束を取引先（あるいはその取引銀行）へ持ち込んで支払う方法が一般的です。ミャンマー訪問の際には銀行をのぞいてみるといいでしょう。大量の札束が積まれている光景を見ることができると思います。

また銀行業務の効率化も今後の課題の一つです。これまで口座間取引など我々がイメージするような銀行業務がなかったため、国内の大手銀行であっても日々の運用プロセスは発展途上です。例えば、銀行業務の記録は紙の帳簿で管理されています。

日本連合が挑むティラワ工業団地開発

ヤンゴンではオフィスや住居用の物件が不足していることはすでに述べました。製造業など工場の建設を伴う進出においても同様の状況です。

ヤンゴンの中心部から北に位置するミンガラドン工業団地は1990年代後半の第一次ミャンマーブームの際に三井物産主導で開発されました。電力設備はもちろん、給排水設備が整えられ、日系企業の求める水準の工場設備が提供されています。ただ、現時点ではこのレベルの設備が最初からある工業団地はこのミンガラドン工業団地のみです。そして40区画すべてに入居者が決まっており、入居はキャンセル待ちの状態です。区画整理された工業用地、レンタル工場などが準備されていて、工場の立ち上げスピードを上げたいと思っても、なかなか容易にはいきません。

ミンガラドン以外にもヤンゴン近郊には工業団地があります。2013年7月時点で20もの工業団地があり、そのうち国営の工業団地が9つあります。設備状況は工業団地によって異なり、少なくない初期投資を余儀なくされる可能性もあります。十分な設備の整った工業団地がない状態では投資余力のある企業でなければ進出に踏み出せないというのが現状のようです。

そのような状況のミャンマーで、日系企業の進出の追い風として期待される工業団地の開発に三菱商事、丸紅、住友商事の商社連合が取り組んでいます。それがティラワ工業団地です。

ティラワはヤンゴンの中心部から南東約20㎞に位置し、近郊には28万人が生活しています。将来的には政府から経済特区として指定される予定のエリアです。その総面積は2400haで、そのうち420haの開発に3社が先行して取り組んでいます。この先行開発エリアは2015年にオープンを予定しています。開業すれば2・5万人～3万人の雇用を創出すると期待されています。将来的にすべての工業用地が稼働すると9万人の雇用が見込まれています。総面積2400haのうち半分は工業用地、残りは住宅地として開発されます。新たな都市の開発と言っていいでしょう。

ティラワの開発の話が持ち上がった当初、ミャンマー政府からは総面積のすべてを2015年までに完成させよ、という要請があったと言います。開発に名乗りを上げた他の国は政府の要求通りの開発が可能と回答したそうです。しかし、日系企業の求める水準での工業用地を開発するとなると、とても現実的なスケジュールではありませんでした。将来的な日系企業の進出ひいてはミャンマーの経済発展を見据えた時に、高水準の工業団地開発が必要であると主張し、まずは420haという話に落ち着いた背景があります。

このティラワですが、現時点ではその開発はほとんど始まっていません。牛の群れがいるなど、本当に2015年にここに工業団地ができるのかと思わず首を傾げてしまいます。そんな不安を吹き飛ばすかのように、「第1期目の開発対象である420haの土地は地盤がしっかりしていて工事も複雑ではない。2015年のオープンは間違いない」と太鼓判を押す声も聞かれました。

2013年5月に日本国首相として36年ぶりにミャンマーを公式訪問した安倍首相も日系企業40社の幹部とともにこのティラワを訪問し、その開発に向け日本政府として今後の支援を約束しました。まさに日本が一丸となって開発を進めているのがティラワなのです。

ティラワの他にも大規模な工業用地として開発が予定されているのが、南部のダウェ

—という港町です。この地はベトナムのホーチミンからカンボジアのプノンペン、タイのバンコクを抜ける南部経済回廊の西の端に位置し、メコン地域の物流拠点として注目されています。経済回廊の開通によって、従来のマレー半島を迂回する海上ルートよりも、はるかに物流リードタイムが短くなると期待されているのです。予定地の総面積は広大で、そのすべてが稼働すると80万人〜90万人の雇用の創出が期待できると言います。

しかし、ダウェーの開発は現在難航しているようです。というのも、南部経済回廊の開通およびダウェーの開発はミャンマー政府にとってあまりメリットがないのです。なぜなら、ダウェーは経済の中心地ヤンゴンからは遠く離れており、物流拠点として開発が進んでもその恩恵に与《あずか》ることができる人は限定的です。では、この開発を求めているのは誰かというと、隣国のタイの政府やタイに拠点のある企業です。ダウェーへの物流ルートが開通すれば、バンコク、アユタヤというタイの一大製造拠点がインド洋へと繋がることができるのです。なんとか開発を進めたいタイ側の想いとは裏腹にミャンマー側はあまり乗り気ではありません。開発のための資金も十分でなく、現時点では開発予定の看板は立っているものの、その完成のめどは立っていません。

改正外国投資法は進出を後押しするか

ミャンマーでの法人設立に係る法律は大きく二つあります。外国投資法と会社法です。法人設立の際には外国投資法と会社法の両方にしたがって設立する方法と、会社法にのみしたがって設立するという2通りの方法があります。

法人設立は申請書類の作成・提出後、約1カ月で仮許可の発行、その後約3カ月で本許可の取得というステップで行われます。仮許可が得られた段階で営業活動が可能となります。それぞれの期間は現時点での目安であり、その期間での許可取得が約束されるものではありません。現状として、前例のない事業を申請すると仮許可がなかなか下りず、取得までに1カ月以上の時間を要しています。

外国投資法に則って法人を設立すると優遇措置を受けることができるため、そちらを選択する企業が多い傾向にあります。具体的には、法人税免除5年、関税の免除、土地賃貸期間50年、さらに10年間の延長が2回可能、最低資本金の設定が低いなどの優遇が受けられます。特に製造業の場合、設備を資本に繰入可能なため、最低資本金を満たしやすいのが利点です。その一方、提出書類が多く、手続きに時間がかかるというデメリットもあります。そこでまずは会社法にのみしたがって法人を設立し、その後、外国投資法に則った法人設立に移行するというケースもあるようです。

民政移管後の法制度の改革の一つの目玉が2013年1月31日に行われた外国投資法の改正です。外国投資法は1988年の制定以来一度も改正がなされていませんでしたが、外資を呼び込み経済成長を加速させたい新政権がその改正に踏み切ったのです。

改正の主なポイントは次の通りです。

・法人税免税期間の延長：3年↓5年
・土地賃貸期間の延長：30年↓50年
・土地の抵当権の設定が可能に
・外国投資法に基づく企業であれば外国への送金が可能に
・労働関連の詳細が明記された：熟練工は設立2年時点で25%、4年時点で50%、6年時点で75%はミャンマー人でなければならない。非熟練工はミャンマー人でなければならない。研修の義務化
・環境配慮の義務化

などです。

ミャンマー市場への進出の追い風として外国投資法の改正は注目されていました。しかし、依然として外国人には許可されていないビジネス領域もあります。例えば、貿易業のライセンスは外資には許可されておらず、大手商社も直接的に貿易業務ができていないのが現状です。

そもそも外国投資法の改正は実は一筋縄ではいきませんでした。一度国会に提出された改正案には外資誘致を加速するどころか、国内企業を守るような内容が盛り込まれていたのです。例えば、サービス業の最低資本金は当初案では５００万ドルと設定されていました。しかし、この当初案をこれでは到底外資の誘致は見込めない、再考せよとテイン・セイン大統領が突き返したのです。その結果、最低資本金は30万ドルに落ち着きました。既得権益者の抵抗を押し切ってでも改革をやり遂げるという新政権の意気込みが見て取れます。

その他の法制度の整備状況はどうなっているでしょうか。

〈労働関連法〉

・試用期間の指定はありません。ただし、実用的には3カ月を試用期間としている企業が多いです。
・雇用期間の定めはありません。
・正規・非正規雇用の区別はありません。すべての社員と同様の雇用契約を結び、勤務時間で区別しています。
・解雇に係る規定はありませんが原則として1カ月前の通知。
・最低賃金法、ドラフト作成中。
・社会福祉法、ドラフト作成中。企業・労働者の負担割合は不明です。

〈税務関連〉

・決算期は3月。
・納税額の算出式が不明確な場合があり、税務当局との交渉で決定しています。

・訴追期間の定めはありません。

〈その他法案〉

・コンドミニアム法の制定：コンドミニアム（高級マンション）のみ、外国人に所有権を許可。「コンドミニアム」の定義は不明です。

・知財関連のドラフト作業が始まっています。ミャンマーはWTOに加盟しているため、原則として知財保護は義務づけられています。しかし、国連には後発開発途上国に指定されているため、2013年7月までは猶予されていたのです。1914年に著作権法が制定されていますが現状には合わず機能していません。

・商標の登録法：ミャンマーに限らず東南アジアの国々ではコピー商品が出回りやすく、商標に対する考え方が普及していません。この商標の登録法も商標を保護するには至らないのが現状です。そこで各社は新聞に自社商品やサービスの商標の広告を出すことで、一般に認知を広める活動を地道に行わざるを得ません。ミャンマーに行く機会があれば新聞を広げてみてください。商標を訴える日本のメーカーの商品名を見つけることは難しくはないはずです。

このようにミャンマーの法制度もまた改革の最中にあります。イギリス統治時代に作られた古い法律がこれからの時代に合わせて改正されていっているのです。民政移管後、そのスピードは目覚ましいものがあります。現地の法律の専門家を悩ませているのは、その改革のスピードはもちろんのこと、法律の改正の告知方法にあります。ミャンマーでは法律の改正は予告・告知なく行われることがほとんどです。常に最新の情報を追い続けなければなりません。また、この改革のスピードにはミャンマー側の担当者も追いつけていません。改正内容を担当者が把握できていないというケースも頻発しています。進出の際にはミャンマーの法律の専門家に相談し、最新の情報を得ることが必要不可欠です。

参入障壁が高いうちに先手を打つ

民政移管から2年、ミャンマーは今まさに新たな国づくりに取り組んでいると言えるかもしれません。米欧の経済制裁などによりミャンマーが世界経済から孤立していくのを横目に近隣の東南アジア諸国は戦場から市場へと変革し、経済成長を続けてきました。この空白の20年を埋めるべく、新政権は外資の力も活用し、一つずつ前に進もうとしています。

ミャンマーでは電力不足、上下水道の老朽化など経済成長の基盤となるインフラの整備状況が日系企業の進出のハードルであることはすでに触れた通りです。安定的に大量の電気を要するような生産ラインは必要なく、安価な労働力を活用できる縫製業や製靴業などの労働集約型の企業進出はあるものの、日本のお家芸である製造業やその他の業種・業態の企業進出はまだあまり進んでいません。今のミャンマーは、商社や大手ゼネコンなどインフラ開発に係る企業の主戦場であるのが現実。各商社は現地駐在員の人数を増やしており、プロジェクト数の増加に対応しようとしています。

日本は首相も訪問し、自国を売り込みましたが、それが届いていないのか、ミャンマーの携帯電話事業への入札でＫＤＤＩ・住友商事連合、フランステレコム・丸紅連合の両者とも落選。ノルウェーのテレノールとカタールテレコムが事業免許を獲得しました。

また、三菱商事と日本航空系商社が空港運営の事業権の優先交渉権を得たのはミャンマー第2の都市マンダレー国際空港でした。第2の都市ではありますが、こと日系企業の進出の視点からいくと、ビジネスの中心であるヤンゴンあるいは首都ネピドーとは距離があります。インフラ開発を通じたミャンマー市場の獲得を目指した日本政府・経済界の思惑は肩すかしを食らった状態です。

これまで多くの企業がミャンマーの手つかずの自然資源や労働力、将来の消費市場に期待を持って訪緬しましたが、発展途上にある事業環境を目の当たりにし、ベトナムやカンボジアといった他の東南アジア諸国の方に可能性を感じたところが少なくないのかもしれません。事実、労働者の賃金は中国と比べるとベトナムがその半分弱、カンボジアがさらにその半分程度です。ミャンマーよりは高いとはいえ、これまでの製造拠点であった中国と比べると十分に魅力的です。また人件費が安価なのに加え、インフラは整備されており、外資の進出についても前例があるため、立ち上げ期の不確実性が相対的に低いというわけです。

と、ここまでミャンマー市場の高い参入障壁について書きました。しかし、ミャンマーには全くビジネスチャンスがないと言っているわけではもちろんありません。

日本企業の進出の足場として期待されるのが、先に取り上げた2015年にオープンを予定しているティラワ工業団地です。またミャンマー南部、タイ国境付近のティキ地区にも経済特区の開発案が上がっています。この地域での経済特区の開発が実現すれば、タイに生産拠点を持つ日本企業にとっては朗報です。電力などミャンマーに不足しているインフラ設備や原材料はタイから共有し、加工はミャンマーの安価な労働力を活用することでコストを低減、そして加工品をタイに戻すというモデルが想定されます。

また、参入障壁が高い今だからこそ、他社に先んじて市場に入り先行者利益を取るというのも一つの戦略です。事実、将来的な日本企業、外国企業の増加を見据えたサービスを展開する企業も着実に増えてきています。例えば、事業立ち上げ期の企業へのオフィスや住居の紹介はその最たるものです。アジアで積極的に不動産事業を展開するスターツは、サービスオフィスの提供を始めています。

あと数年は供給不足の状態が続くと言われるホテルの運営に乗り出している方もいます。

ミャンマーでの有望ビジネス

ミャンマーだからこそチャンスのある領域もあります。

農業もその領域の一つでしょう。

ミャンマーの農業は昔ながらの手法が用いられている地域がほとんどです。例えば、ミャンマーで灌漑設備が整理されているのは全国でも2割程度にしか過ぎません。残りの8割は依然として天水を使用しています。さらに、たとえ水路がある農場であってもその設備は老朽化していて改修が必要なのが現状です。

耕作機械も入ってきてはいますが、まだ一般の農家の手が届く価格ではありません。特に日本の耕作機械は高く、その半分から3分の1の価格でインドや中国から入ってくるものが主流を占めています。

外資を呼び込み工業化を進めたいミャンマー政府にとって農業の生産性向上、先進的技術を活用した農業の機械化は国家の重要テーマの一つです。農業の効率化による余剰人員を工業に振り分けるのが狙いです。首都ネピドーにはモデル農場があり、そこではすでに機械化の取り組みが進められています。また、灌漑省を訪れると機械化された理想的な農業のイメージ図が掲げられています。

このような状況ですから、日本ではもはやコモディティ化した技術や知識、経験が価値を持つ可能性が十分にあります。近隣のカンボジアでは脱穀機の導入によって農業の生産性が向上し、販売網を広げたという話もあります。

またミャンマーの医療市場に参入しているベトナムのベンチャー企業に出会ったこともあります。その企業は新生児に対する光学治療装置、保温器、酸素吸入器などの医療機器をミャンマーの病院向けに販売しています。彼らが販売する医療機器は先進国の機器と比べると最小限の機能しかありません。しかし、その結果、ミャンマーの病院でも十分に手が届く価格での提供が可能であり、ビジネスとして成立しています。結果、彼らの医療機器はミャンマーの新生児死亡率の低下にも大きく貢献しています。

かつての日本を当てはめる「タイムマシン経営」は通用しない

このような経済成長の入り口に立った国々の事業展開の好例として、よく味の素が引き合いに出されます。それは従来の商品を小分けにして販売することで価格を下げ、それまでリーチできていなかった購買力の低い市場への参入に成功したという事例です。その結果カンボジアでは圧倒的なシェアを獲得し、現地の人々が日本人を見ると「アジノモト！」と声をかけるほどに人々の生活に浸透しました。

ミャンマーをはじめとする新興国のマーケットは経済規模で見ると日本から数十年は遅れています。ミャンマーの現在のＧＤＰは日本の１９６０年代と同等です。

日本が経済成長に伴い経験したことを、遅ればせながらミャンマーも経験していくだろう、したがって、かつて日本で成功したビジネスモデルを持ち込めば、新しいマーケットで成功できるはずだという考え方があります。これはあたかも未来のアイデアを現在（あるいはさらに遅れている〝過去〟）に持ち込む「タイムマシン経営」と呼ばれています。日本もかつては一歩先を行く米国のアイデアを持ち込むことで経済成長の動力としてきました。

しかし、ここで忘れてはならないのは、その前提条件の違いです。文化や商習慣、経済の発展レベルなど、事業を展開する市場の状況が違えば、過去の成功事例を同じように適用できるはずはありません。かつての日米は比較的同じような経済成長を辿りました。例えば通信環境では、固定電話、携帯電話、スマートフォンへと一つずつ段階を経て、人々の生活が変化してきました。一方、アジアの国々は固定電話を通り越していきなりひとりひとりがスマートフォンを持ち始めています。家にパソコンはなくても、携帯電話で世界と繋がっているのです。さらに生活様式、社会構造の多様化は技術革新・情報革新によってますますそのスピードを増しています。「遅れている」国に対するタイムマシン経営的アプローチは通用しないと思ってよいのではないでしょうか。

ミャンマーへの事業展開時には、従来の成功モデルから脱却し、新たなマーケットのニーズに応じて自らのプロダクトやサービスを柔軟に作り変える姿勢が求められます。また、そのためには市場のニーズを把握するために、表面的なミャンマー市場の理解に留まらず、現地の人々との対話やその生活の様子を観察し、マクロな情報には表れない、素のミャンマーを理解することが商機を掴む上で最も重要です。

日本企業の進出状況

ヤンゴンの日本商工会議所の会員数は２０１３年に１０５社となりました。民政移管直後の２０１１年度の53社から2年で約２倍に増加しています。また商工会に入会していない企業や個人も入れると、さらに多くの日本人・企業がミャンマーへの参入を決めています。

では、どういった業種の企業が進出をしているのでしょうか。

まずは本書でもたびたび触れている縫製業や製靴業といった労働集約型の企業が進出しています。衣類と履物はミャンマーから日本への輸出の70％以上を占めるほどです。これはミャンマーにおける縫製業は委託加工貿易の形を取ることがほとんどです。これは商品の製造・販売を自社で行うのではなく、製品の加工委託を受けて製造を行い、委託加工賃として対価を受け取る形態のビジネスです。（Cutting, Making and Packing＝ＣＭＰと呼ばれます）。あくまで自社の販売目的の製造ではなく、製造を委託されているだけですので、完成品は１００％輸出しなければなりませんが、ＣＭＰ型でビジネスの認可を受けると原材料の輸入免税の措置を受けることができます。

ＩＴ分野ではシステムの開発や運用を海外で行い、開発・運用のコストを下げるオフショア開発の拠点として進出する企業が増えています。１００名を超える規模の拠点を設立した企業もあります。

ミャンマーでＩＴオフショア拠点を設立する利点は安価な労働力と、ミャンマー人の日本語習得能力の高さです。ＩＴオフショア拠点の成功は日本人の要件を現地のエンジニアに伝えるブリッジエンジニアの存在が握っていると言っても過言ではありません。その点において、日本語習得能力の高いミャンマーの人々と日本のＩＴ企業の親和性は高いのです。ミャンマーのＩＴ人材は国内だけではなく、アジア全土の拠点におけるブリッジエンジニアとして活躍できるとして、その育成に注力されている企業もあります。

しかし、ＩＴの技術レベルはどうかというと、決して高いとは言えません。民政移管前までのミャンマーでは複雑なシステム開発案件はほとんどありませんでした。ミャンマーのほぼすべての銀行や政府系の基幹システムの開発を長年担ってきた企業を訪ねると、男性よりも圧倒的に多くの女性が働いていました。専門性が求められる職種ではなく、主婦がパートで働きに出るような職場だということでした。

ＩＴ技術者、特に熟練の技術者の獲得・育成がＩＴ分野の課題の一つと言えるでしょう。

大型のインフラ開発案件を見据えた建設会社やプラント・エンジニアリング会社も事業展開を進めています。清水建設は13年ぶりにミャンマーでの事業を再開。千代田化工建設や東洋エンジニアリングは発電事業を受注しています。大手企業の進出に伴い、周辺産業の進出も拡大していくことが予想されます。

サービス業では、法律事務所、会計事務所などの士業系や日本食レストランなどの飲食店の進出が増えてきています。

ミャンマー進出へのハードルは数え上げれば枚挙に遑《いとま》がありませんが、このように実際に進出を決めている企業があるところを見ると、そこにはそのハードルを越える価値のある機会があると言えるのではないでしょうか。私は日本企業はすべからくミャンマーに行くべきだと言うつもりはありません。むしろミャンマー進出には発展途上ゆえの困難がついてくるということも本書の中でお伝えしています。

ただ、ミャンマーへの進出に限らず、それがたとえ日本であっても新たなマーケットへの進出には困難やリスクがつきものです。それらを勘案してもなお、事業展開すべきだと判断したのであれば、あとは一歩一歩課題をクリアしていくのみです。容易ならざる環境においても冷静に潮目を見抜く目と決断力が求められるのが今のミャンマー市場だと思います。

生半可な気持ちでは本気のミャンマーに太刀打ちできない

これまで見てきたように、ミャンマーでの事業展開は決して容易なものではありません。それはひとえに、ミャンマーが今まさに周辺国に追いつけ追い越せと経済成長を始めたばかりであるからに他なりません。

もちろん成長の入り口に立ったばかりであるが故に産業の基盤となるインフラの整備は不十分で、それが参入の障壁に少なからずなっているのは事実です。しかしこのような経済成長の入り口に立ったばかり、それでいて消費市場としても、生産拠点としても魅力のある国は他にはないのではないでしょうか。そういった意味で、ミャンマーがアジアのラストフロンティアと呼ばれるのは分かる気がします。

民政移管後、ミャンマーのポテンシャルを見据えて非常に多くの日系企業がミャンマーを訪れています。しかし周りが行っているから「とりあえず」見ておくか、最近よく耳にするミャンマーに「とりあえず」行ってみるかと、とりあえず視察に来ている企業もなかにはいます。周りがしていることをしないでいると不安になるのは日本人の悲しい性《さが》でしょう。

ミャンマーにおいて重要なことは自らのビジネス展開において、なぜ今ここに出なければならないのか、ミャンマーに進出するとしたら問題になるのは何か、どうすればそれをクリアできるのかと、一つひとつの仮説検証を着実に進めていくところにあります。

現地の人たちは本気です。長らく続いた軍事政権が終わり、さあこれから世界と渡り合っていこうと力を漲《みなぎ》らせています。そんな彼らのもとに、日本人がとりあえず視察に来て、その気はないのにノーとは言えず、事業展開の可能性をほのめかして、二度とミャンマーには戻らないなんてことがままあるようです。

視察にばかり時間を割いて、肝心の決断を先延ばしにする日系企業の煮え切らない態度に対して「NATO＝No Action Talk Only」と不名誉なあだ名をつけられてしまっています。そうこうしているうちに、中国や韓国の企業は即断即決でビジネスを進めてしまっています。NATOなどと言われるような今までのやり方ではとても新興国のビジネス環境では勝ち残っていけないのではないでしょうか。勝ち負けの前に土俵にも上がれないかもしれません。

足を運んで、直感を信じる

ミャンマーに限らず、新興国でのビジネス展開はマクロな経済情報だけでは決してうまくいきません。自ら現地に足を運び、その土地の風土を感じ、その国の経済状況を現地の人々の日々の暮らしを通じて臨場感を持って理解することが不可欠だと思います。私はこのようにして得られる知識を「臨場知」と呼んでいます。私は東南アジアの国々を訪れ、各地で事業を行っている方にお会いする機会が多いのですが、事業がうまくいっている人ほど、その国や現地の人々の文化や生活を理解し、自分の言葉でその国の状況について話してくださいます。これはまさに日々の臨場知の積み上げによるものだと思います。

本書を通して見てきたように、報道で伝わるミャンマーの状況と現地の実情との間には隔たりがあります。特に日々めまぐるしく事業環境の変わる新興国に関する情報となればなおのことです。まずはその事実を認識する必要があるでしょう。そしてその上で、自らの足で現地に赴き、その国で生きる人々と対話し、その国の風土に触れ、またその地域に根を下ろして事業を展開している先人の経験を共有してもらう中で、カメラやインターネットのフィルターを通さない、手触りのある情報を自分自身の中に取り込むことをおすすめします。その点では、情勢の不確かな新興国で事業の方向性を決めるのは最終的には直感とも言えます。自らの直感を信じるためには、自らの言葉でその国やその地域、世界の流れを感じ取る臨場知が必要なのです。

ミャンマーが逆戻りすることはあり得ない

ミャンマーという名前の意味はミャン「早い」、マー「強い・剛健である」です。ミャンマーに王朝を建てたビルマ族はかつて馬を自由に駆り周辺の民族を圧倒していました。その勇猛な姿から「ミャンマー」という言葉が使われたそうです。

民政移管後のミャンマーの変革のスピードはまさにその名に恥じぬものでした。矢継ぎ早に出される改革案に当初は米欧をはじめとする各国は懐疑的でした。「改革は本当か？」「どうせまた形だけじゃないのか？」と。しかし、テイン・セイン大統領率いる新政権は、一つずつ確実に改革を進めてきました。こうしたミャンマーの改革の姿勢は世界の持つこの国に対する印象を着実に変えてきました。

ミャンマーへの注目は続きます。２０１３年には世界経済フォーラム（同年６月に終了）、ＳＥＡゲーム（東南アジアのオリンピック）、２０１４年にはＡＳＥＡＮ議長国就任を控え、世界中から多様な人々が訪れます。これまで一部の国としか付き合いのなかった国が、人々が加速度的に世界中の人々と関係を築いていくのです。いよいよ民主化の真価を問われる時が来ています。

今でも新政権に旧軍部の人間が多いことを指摘し、まだまだ政情が不安定なのではという声が聞かれることがあります。しかし、ここまで世界の耳目を集め、外国の援助や外資企業の進出によって経済成長の兆しが見えている今、また前史に逆戻りということはあり得ないと私は思います。

今後のミャンマーの転換点の一つとなり得るのは、２０１５年に予定されている総選挙でしょう。国民からの熱狂的な支持を追い風にスー・チー女史率いるＮＬＤが政権を取るのでしょうか。スー・チー女史は現在、憲法改正を主張しています。「議会の４分の１を軍人に割り当てる」という現法の改正です。さらに、現在は禁じられている、外国人とゆかりの深い人間でも大臣になることを許可するように求めています。これはイギリス人を夫に持つ自らがいずれ大統領になることを見据えての動きだと言われています。

今でも熱狂的な支持者を持つスー・チー女史ですが、彼女を取り巻く環境も変わりつつあります。これまで民主化の旗手として反軍政を掲げて人々の支持を得てきましたが民主化が成った今、目標を失ったとも言われています。さらに、スー・チー女史およびＮＬＤは国際政治どころか国内の政治経験もありません。そんな党が政権を握って果たしてミャンマーの発展に貢献できるのかという疑問が残ります。実際、ミャンマーの人々に聞いてみるとスー・チーさんは相変わらず好き、でも政治の話となると現政権への評価も高いというのが現状です。ミャンマーという国の善と悪のごとく語られてきたスー・チーさんと軍事政権。民主化を経て新たな時代に突入したミャンマーでどのような役割を担うのか。あるいは、少しずつ歴史の表舞台から消えていくのか。いずれも2015年が一つの分水嶺になるでしょう。

2015年にはASEAN経済共同体の結成が予定されています。これが実現すればASEAN各国間のヒト・モノ・カネの移動がより円滑になり、域内の経済の活性化が期待されています。ASEANが一つになることで大きな経済圏が登場しますが、これはミャンマーのような新興国では諸刃の剣です。ASEANの中でも力のある国に富が集中し、力のない国は労働力や自然資源が搾取されるだけということも起こり得ます。その結果、人々からこれまで培ってきた暮らしや、豊かな自然が失われていく可能性もあります。

ミャンマーの経済成長は始まったばかりです。世界各国が視線を送る中、足下から一つずつ改革を進めています。日本とも浅からぬ縁のあるこの国の今後の展開に我々日本人は何ができるでしょうか。NATOなどと呼ばれずに、考え行動し続けることがこれからますます求められるのではと強く思います。

おわりに

私が初めてミャンマーを訪れたのは民政移管から数カ月経った2011年の7月のことでした。それまで私が持っていたミャンマーに対するイメージはやはり軍事政権が目を光らせている恐ろしい国というものでした。アジア各国への旅は慣れているつもりでしたが、いよいよ入国となった時には少し緊張したのを覚えています。

ところが実際に到着してみると、出迎えてくれたガイドの女性は明るく、道行く人々も皆平穏に暮らしているという印象を受け、なんだか拍子抜けしました。民政移管によって一気に暮らしが変わったのかと思ったのです。

そこで思い切ってガイドの女性にミャンマー政府について質問してみました。軍事政権下のミャンマーでは政治の話はタブーと聞いてはいたのですが民政移管後の今であれば話を聞けるのではないかと踏んだのです。しかし、ガイドの女性は視線をそらし、私には政治のことはよく分かりません、と口を濁しました。またインターネットの使えるカフェに行くと、ニュースサイトなど接続できないサイトがいくつもありました。政府がインターネットの閲覧制限を解除したのはその数カ月後でした。政治体制が変わったからといって、「はいそうですか」と人々の長年の習慣や社会の仕組みがすぐに変わるわけではないのだということを痛感したのです。

しかしその後、折に触れてミャンマーを訪れていると、ゆっくりとではありますが着実な変化が起きていることを実感しました。そしていつしかこの国に惹かれ、気がつけば本書をまとめるまでになっていたのです。それは長引く不況下で国中が閉塞感を抱いている日本とは違い、一つの国が歴史の転換点に立ち、新しい国づくりのために国家を挙げて変革に取り組んでいるダイナミックな環境が刺激的に感じられたからだと思います。

今、ミャンマーには世界の新たな生産拠点として、あるいは次なる消費市場としての魅力から世界各国の投資家・起業家が押し寄せ、さながらミャンマーブームのようになっています。

ある時、ミャンマー人に言われました。

「日本から来た人々のためにせっかく時間を作っても、その後ビジネスが動き出すことはほとんどない。『社に持ち帰って検討します』と言ったきり帰ってこない。入れ代わり立ち代わりいろんな役職の人が視察に訪れるけれど、結局誰も決断しない……。そうこうしているうちに、中国や韓国が視察に訪れ、その場で決断、即実行するんだ」

そんな煮え切らない日本の態度を指して、NATO（No Action Talk Only）あるいは4L（Look, Listen, Learn, Leave＝見聞き学んで帰る）などと皮肉を込めた言葉が現地でささやかれています。

ミャンマーを含むアジアの国々では依然として日本の技術力やこれまでの国際的な援助に対してよいイメージを持ち続けてくれています。しかし、残念ながらそういったイメージは徐々に薄れてきています。先のNATOや4L体質から脱却しなければ、早晩日本はアジアでは見向きもされなくなってしまうのではないかと強い危機感を覚えます。

ミャンマーはもちろん、成長を続けるアジアの国々にはビジネスチャンスが転がっています。しかし、そのチャンスを掴むには、潮目を読み大胆に最初の一歩を踏み出せるリーダーシップとそれを着実にかつスピード感を持って形にしていくマネジメントの力が必要なのではないかと思います。

本書ではミャンマーの基本事項に触れるに留めていますが、少しでも日本人が世界に羽ばたく一助となればと願ってやみません。

最後になりましたが、本書の執筆にあたってミャンマーの最新情報をご提供いただいた現地でご活躍の皆様、そして幻冬舎編集部の竹村優子さんに感謝を申し上げます。

ハバタク株式会社　取締役・アジア地域統括　小原祥嵩

著者略歴

小原祥嵩《おはらよしたか》

一九八二年兵庫県生まれ。

ハバタク株式会社取締役・アジア地域統括。

アイ・ビー・エムビジネスコンサルティングサービス株式会社（現・日本IBM）にて戦略コンサルタントとして複数の業界・業種のクライアントに対する業務・組織変革支援にたずさわったのち独立し、ハバタク株式会社を設立。

ベトナム・ホーチミンを拠点に、日系企業へのASEAN圏におけるビジネス展開支援やベトナム現地企業に対するコンサルティングを行っている。

共著に『ミャンマー・カンボジア・ラオスのことがマンガで3時間でわかる本』（明日香出版社）がある。

幻冬舎新書 314

ミャンマー経済で儲ける5つの真実

市場・資源・人材

二〇一三年九月三十日 第一刷発行

著者 小原祥嵩
発行人 見城 徹
編集人 志儀保博
発行所 株式会社 幻冬舎
〒一五一-〇〇五一 東京都渋谷区千駄ヶ谷四-九-七
電話 〇三-五四一一-六二一一(編集)
〇三-五四一一-六二二二(営業)
振替 〇〇一二〇-八-七六七六四三
ブックデザイン 鈴木成一デザイン室
印刷・製本所 中央精版印刷株式会社

検印廃止
万一、落丁乱丁のある場合は送料小社負担でお取替致します。小社宛にお送り下さい。本書の一部あるいは全部を無断で複写複製することは、法律で認められた場合を除き、著作権の侵害となります。定価はカバーに表示してあります。
©YOSHITAKA OHARA, GENTOSHA 2013
Printed in Japan ISBN978-4-344-98315-1 C0295
お-18-1
幻冬舎ホームページアドレス http://www.gentosha.co.jp/
*この本に関するご意見・ご感想をメールでお寄せいただく場合は、comment@gentosha.co.jp まで。

幻冬舎新書

安達誠司
ユーロの正体
通貨がわかれば、世界が読める

ユーロ破綻は不可避ともいわれているが、「ギリシャは離脱しないし、ユーロも解体しない」と著者。ドイツをはじめとする欧州はデフレ突入、ユーロ高になる可能性もわかる、経済予測の書。

藤井厳喜
アングラマネー
タックスヘイブンから見た世界経済入門

租税回避地や影の銀行を使った、脱税や裏ビジネスの金をアングラマネーと呼ぶ。いま中央銀行やIMFも制御不能の闇資金の還流が世界経済を揺るがしている。その仕組みと各国最新事情を解説。

門倉貴史
イスラム金融入門
世界マネーの新潮流

イスラム金融とはイスラム教の教えを守り「利子」の取引をしない金融の仕組みのこと。米国型グローバル資本主義の対抗軸としても注目され、急成長を遂げる新しい金融の仕組みと最新事情を解説。

小澤裕美
爆笑！　エリート中国人

八百屋で果物をかじり「味がイマイチだ」と値切るエリートや「六甲の水」を真似て「六本木の水」として売る商人など、腹をよじりながらも中国人との付き合いのコツが身に付く希有な書。

幻冬舎新書

なぜ中国はこんなにも世界で嫌われるのか

内藤明宏

世界で急速に「シノフォビア」（＝中国嫌悪）という現象が拡散している。なぜ中国人はカネのためなら何でもやるのか。中国で起業し中国人と結婚したアルファ・ブロガーが中国の正体を暴く！

むしろ暴落しそうな金融商品を買え！

吉本佳生

過去20年以上の間に、株や投資信託、外貨などの金融商品に投資をしてトータルで儲かった人は、じつはほとんどいなかった。最新データでこれまでの常識のまちがいを正す、投資の新しい教科書。

金《ゴールド》が通貨になる

谷口智彦

ニクソン・ショックから40年、金復活論が、俄に現実味を帯びている。ドルの凋落とユーロ安で金融不安が漂うなか、はたして金の復活は世界を救うのか!?　無防備な日本人に緊急警告。

世界で勝負する仕事術
最先端ITに挑むエンジニアの激走記

竹内健

半導体ビジネスは毎日が世界一決定戦。世界中のライバルと鎬を削るのが当たり前の世界で働き続けるとはどういうことなのか？　フラッシュメモリ研究で世界的に知られるエンジニアによる、元気の湧く仕事論。

幻冬舎新書

平林亮子
お金が貯まる5つの習慣
節約・投資・教育・計算そして感謝

「タバコを吸わない」「宝くじを買わない」「食事はワリカンにせずオゴル」「いつもニコニコする」など、公認会計士として多くの金持ちと付き合う著者が間近で見て体得した、お金操縦法を伝授！

内藤忍
60歳までに1億円つくる術
25歳ゼロ、30歳100万、40歳600万から始める

「収入を増やす」「支出を減らす」「お金を増やす」の3つのアプローチから、60歳までに1億円つくる方法をアドバイス。今やりたいことを我慢しないで将来の不安を解消する、資産設計の入門書。

中村繁夫
レアメタル超入門
現代の山師が挑む魑魅魍魎の世界

タンタルやニオブなど埋蔵量が少ない、または取り出すのが難しい57のレアメタルをめぐって争奪戦が拡大中だ。レアメタル消費大国にして輸入大国の日本よ、今こそ動け。第一人者が緊急提言。

守誠
ユダヤ人とダイヤモンド

「ヴェニスの商人」の高利貸しで有名な彼らは疎まれたこの仕事へどう追いやられ、ダイヤモンド・ビジネスに参入し覇者となったか。度重なる迫害でダイヤモンドが離散民族をいかに助けたか。

幻冬舎新書

柴田英寿
金になる人脈
その近づき方・つくり方・転がし方

誰も知らない情報、新しい価値観を提供する人が現代の人脈であり、地位や肩書きのないあなたにも富をもたらす源泉となる。「知人の束」を「人脈」に変え、情報と金を呼ぶ仕組みづくりを伝授。

島田紳助
ご飯を大盛りにするオバチャンの店は必ず繁盛する
絶対に失敗しないビジネス経営哲学

既存のビジネスモデルはすべて失敗例である——。素人だからこその非常識を実現化する魔法のアイデア構築法、客との心理戦に負けない必勝戦略など、著者が初めて記す不世出の経営哲学書！

日垣隆
すぐに稼げる文章術

メール、ブログ、企画書ｅｔｃ．元手も素質も努力も要らない。「書ける」が一番、金になる——毎月の締切50本のほか、有料メルマガ、ネット通販と「書いて稼ぐ」を極めた著者がそのノウハウを伝授。

橘玲
マネーロンダリング入門
国際金融詐欺からテロ資金まで

マネーロンダリングとは、裏金やテロ資金を複数の金融機関を使って隠匿する行為をいう。カシオ詐欺事件、五菱会事件、ライブドア事件などの具体例を挙げ、初心者にマネロンの現場が体験できるように案内。